जीनियस

व्यंग्य निबंध

वाणी प्रकाशन
नयी दिल्ली - 110002

जीनियस

डॉ. विनोद गोदरे

वाणी प्रकाशन
21-ए, दरियागंज, नयी दिल्ली- 110002
द्वारा प्रकाशित

प्रथम संस्करण 1993
 मूल्य 60.00

मेहरा ऑफसेट, नयी दिल्ली- 110002
द्वारा मुद्रित

GENIUS
(Satire)
by Dr. Vinod Godre

श्रद्धेय बड़े भाई वीरेन्द्र कुमार जैन
तथा सरोज भाभी को सादर

अपनी बात

व्यंग्य लेखन आदमी की अंदरूनी चीख और चीत्कार की शाब्दिक परिणति है और है – अपने जुझारू व्यक्तित्व के गठन का उपक्रम ! यह सामाजिक, राजनैतिक, आर्थिक, धार्मिक तथा नैतिक घिनौनेपन और कांइयापन के खिलाफ लेखकीय विद्रोह का दस्तावेज है । यही कारण है कि साहित्य की विविध विधाओं में अंतर्धारा की तरह व्यंग्य प्राय: अंतर्व्याप्त होता है।

किसी विशेष अवसर, प्रसंग या घटना से निकटतम सरोकार रखने पर भी लेखक की हैसियत जब मात्र नेपथ्य में खड़े निरीह दर्शक की बनकर रह जाती है तब उसका आहत मन प्रतिक्रिया स्वरूप व्यंग्य की ओर आकर्षित होता है। यह गोरखधंधी व्यवस्था के प्रति उपजे अपने आक्रोश को व्यंग्य के माध्यम से वाणी देता है। इस अर्थ में व्यंग्य हिंसक तथा हंता होता है। परंतु इस भृगु-भाव में भी कहीं सृजनात्मकता की पगचाप सुनाई देती है। व्यंग्य अपने अधिकारों से उदासीन निष्क्रिय आदमी की भीतरी जड़ता को तोड़ता है। इस अभियान के लिए उसके पास न तो होता है अल्लादीन का चिराग और न होती है कोई जादुई छड़ी । अलावा इसके न तो वह होता है कोई सुधारक अथवा उपदेशक और न होता है वह नैतिकता का मठाधीश। बस वह अपनी कलम की तेजस्वी ऊर्जा तथा प्रखर प्रज्वलित ताप से कुटिल बहुरूपिया शतरंजी चालों को ध्वस्त करता है। व्यंग्यकार का धर्म आग पैदा करना है। यह आदमी पर निर्भर करता है कि इस आग की तपन से वह क्रांतिनामा बांचता है अथवा विद्रोह की गाथा पर हस्ताक्षर करता है अथवा उस आग से चुपचाप अपना खाना पकाता है। सच बात तो यह है कि वह मानसिक रुग्णता का एकमात्र कारगर उपचार है। वह जिंदगी के रोजनामचे को दुरुस्त करता है।

व्यवस्था की गलत नीतियों या निर्णयों में हस्तक्षेप करता है क्योंकि वह सत्य का अन्वेषक होता है। अलावा इसके वह पारंपरिक घिसे-पिटे अप्रासंगिक मूल्यों का संरक्षक नहीं है, बल्कि नये जीनव-मूल्यों का संस्थापक है। वह ठहराव में नहीं टकराव में विश्वास करता है।

मैंने इस संग्रह में व्यंग्य के बहाने बार-बार अपने को चींथा है, तोड़ा है और बार-बार टूटा हूँ मगर फिर भी फक्कड़ फकीर का ठाट लिये आस्था और विश्वास की डोर थामे हूँ। अगर प्रस्तुत संकलन में संगृहीत व्यंग्य लेख आपको पल भर भी रुक कर सोचने पर विवश कर सकें तो मैं अपने लेखन को सफल और सार्थक समझूंगा अन्यथा मेरा लेखन भी मेरे लिए व्यंग्य बन कर रह जाएगा।

रीडर, हिंदी विभाग, -विनोद गोदरे
बम्बई विश्वविद्यालय,
विद्यानगरी, सांताक्रुज (पूर्व)
बम्बई-400014

अनुक्रम

जीनियस

डेढ़ हजार रुपयों की आइस्क्रीम

कुछ ऐसा संयोग हुआ कि मुझे एक पार्टी में जाना पड़ा। वहाँ भी कुछ ऐसा संयोग हुआ कि दोस्तों-मित्रों के प्यार-भरे उलाहनों का सम्मान करते हुए मैंने एक प्लेट आइस्क्रीम खा ली। आइस्क्रीम वाकई बहुत बढ़िया थी। उसमें केशर, ड्रायफ्रूट्स वगैरह बहुत कुछ पड़ा था । मन हो रहा था कि एक और आइस्क्रीम खा ली जाए । संयोग कुछ ऐसा हुआ कि कुछ और मित्र पार्टी में आए। मैं उनसे बतिया रहा था कि बेयरा आइस्क्रीम लेकर हाजिर हो गया । दोस्तों ने आइस्क्रीम ली और मुझे भी लेने के लिए कहा। मेरे मुँह से न अवश्य निकला पर हाथ में आइस्क्रीम की प्लेट थी। क्या स्वाद था-क्या जायका था? तबियत खुश हो गयी थी और आत्मा आनंद के सरोवर में स्नान करने लगी थी। उन सुखद क्षणों में मैं यह भूल ही गया था कि सर्दी का मौसम है और शाम का समय है। ऐसे समय आइस्क्रीम वगैरह से बचना चाहिए। पर बंधु, हर समय यदि कोई नसीहत का पाठ ही दुहराता रहे तो वह आदमी ही क्या? मैं अपने को आदमी समझ रहा था और स्वयं को समझा रहा था कि यद्यपि आइस्क्रीम ठंडी होती है पर बर्फ की तासीर तो गर्म है।

पार्टी पूरी होने पर मैं घर की ओर चला ही था कि रास्ते में ही छींकों ने मुझ पर हमला बोल दिया। एकाध मिनट के अंतराल से मुझे छींक पर छींक आने लगी। मैंने अपने मन को समझाया कि छींकों का आना अच्छा है। इससे फिर सर्दी वगैरह नहीं होगी। पर 'मेरे मन कछु और है, कर्ता के कछु और' छींकों के साथ-साथ इतने में तो नाक से पानी बहने लगा। घर जाकर मैंने कई आयनमेंट्स लगाए पर सुबह तक छींकों और नाक के पानी ने मुझे बेहाल कर

दिया।

पत्नी परेशान थी। मैंने उसे ईमानदारी से बतलाया कि कल पार्टी में दोस्तों ने जबर्दस्ती मुझे आइस्क्रीम खिला दी थी। बस वह फट पड़ी, "जब तुम जानते हो कि तुम जुकाम के पुराने मरीज़ हो फिर तुमने आइस्क्रीम क्यों खाई।" बात तो उसकी सही थी पर भारतीय पति अपनी पत्नी की अच्छी सलाह भी बिना किसी विरोध के स्वीकार कर ले तो वह पति ही क्या? मैंने ज़रा जोर से बोला, "अरे जरा-सी आइस्क्रीम खा ली तो क्या हुआ? कोई आकाश तो नहीं फटा।" पर मैंने यह नहीं बतलाया कि मैंने रोटी के आकार की मोटी तह की आइस्क्रीम की एक नहीं दो-दो प्लेटें खाई थीं।

सुबह पत्नी जल्दी से तैयार हो गयी और मुझे भी तैयार होने का आदेश दिया। मैंने पूछा, "कहाँ चलना है?" उसने कहा, "अरे और कहाँ जाएंगे? डॉक्टर के यहाँ चलना है।" मैं तैयार हो गया। हम डॉक्टर साहब की डिस्पेंसरी पहुँचे। इस समय भी छींकों का, पानी बहने का सिलसिला जारी था। डॉक्टर ने केस समझा और कहा, "भाई यह इतनी सीधी बात नहीं है। हमें इसे गंभीरता से लेनी चाहिए। बाद में कोई और उलझन पैदा न हो, इसलिए हमें प्रारंभ से सतर्क रहना चाहिए। मैं पत्र लिख देता हूँ आप अपने खून, पेशाब और मल की जाँच करा कर लाएँ।" उसने अपने किसी पैथोलोजिस्ट दोस्त के नाम पत्र लिख दिया। उसी दिन रात को रिपोर्ट लेकर मैं पुनः डॉक्टर के यहाँ पहुँचा। रिपोर्ट देखकर वे बोले- "गुड वेरी गुड। चलो एक चिंता तो दूर हुई। इसमें कुछ नहीं है।" फिर कहा, "बड़ा अच्छा पैथोलोजिस्ट है। वेरी सिनसिअर।" मुझे बाद में पता चला कि दोनों के बीच 'कट' (कमीशन) का संबंध है। प्रसन्नता के साथ ही डॉक्टर का चेहरा गंभीर हो गया। उसने एक लम्बा-सा प्रिस्क्रिप्शन लिख दिया जिसमें तीन-तीन घंटे से आठ कैप्सूल और टेब्लेट खाने थे।

क्या कैप्सूल थे। कोई हरा, कोई नीला, कोई लाल, कोई जामुनी और कोई सफेद। लगता था कि ये कैप्सूल नहीं बल्कि कोई कलर बॉक्स है। मैंने केमिस्ट से जरा रहस्यवादी शैली में पूछा, "अरे भाई, इतने कैप्सूल-टेब्लेट जरा-सी सर्दी के लिए?" उसने कहा कि "भाई इतने कैप्सूल-टेब्लेट आपको इसलिए दिए गए हैं कि शायद इतने में से किसी कैप्सूल-टेब्लेट से आपको फायदा हो जाए।"

पर न फायदा होना था न हुआ। छींकें आना और नाक से पानी बहना बरकरार था।

तीसरे दिन हमारी चिंतित और परेशान पत्नी फिर मुझे डॉक्टर साहब के पास ले गयीं और मेरी दशा में सुधार न होने के प्रति चिंता व्यक्त की। डॉक्टर भी गंभीर हो गए। कुछ सोचने लगे फिर एकाएक उन्होंने पूछा–"आपकी उम्र क्या है ?" मैंन कहा, "चालीस वर्ष।" डॉक्टर के चेहरे पर मुस्कान आ गयी। ऐसा लगा कि उसकी सारी परेशानी दूर हो गयी है। उसने गंभीरता से कहा – "मुझे शक हो रहा है कि कहीं आपको डायबिटीज तो नहीं है। प्रायः चालीस साल की उम्र में यह बीमारी हो जाती है। पर चिंता की कोई बात नहीं है। अगर शुरुआत में यह समझ में आ जाए तो इसका इलाज संभव है। यद्यपि यह सिर्फ कंट्रोल किया जा सकता है। ऐसा करें मैं एक पत्र लिख कर देता हूँ। आप वहाँ जाकर फास्ट एवं पोस्टलंच की ब्लड शुगर जाँच करवा कर ले आएँ। फिर हम देखते हैं कि यह जुकाम आपको कितने दिन परेशान करता है।"

बहरहाल उन्हीं के परिचित पैथोलोजिस्ट के यहाँ जाकर मैंने दोनों टैस्ट कराए। रिपोर्ट में कुछ भी नहीं निकला। सर्दी थी ही। छींकें आ ही रही थीं और नाक से पानी बह ही रहा था पर कुछ कमी अवश्य आ गयी थी। रिपोर्ट देखकर डॉक्टर काफी आश्वस्त दिखाई दिए। बोले–आप एक भयानक बीमारी से बच गये। अगर कहीं डायबिटीज के लक्षण रिपोर्ट में आते तो बड़ी गड़बड़ी हो जाती। खैर, अब ऐसा करते हैं कि हम लोग एक सप्ताह का इंजेक्शन कोर्स प्रारंभ करते हैं। प्रतिदिन आपको दो इंजेक्शन लेने पड़ेंगे। मेरा पूरा विश्वास है कि उससे आपको अवश्य लाभ होगा। फिर इंजेक्शनों का दौर प्रारंभ हुआ। आइस्क्रीम का मधुर स्वाद तथा भीनी-भीनी खुशबू स्पिरिट की गंध में बदल गयी। आइस्क्रीम के लाजवाब टुकड़ों के बजाय इंजेक्शन की सूई शरीर को टोचने लगी। पर वही ढाक के तीन पात। कभी लगता कि सर्दी कम हो गयी है पर फिर कुछ समय बाद पहले जैसी ही हो जाती। नाक से पानी बहता कभी कम हो जाता पर कुछ देर बाद फिर वैसे ही बहने लगता।

आखिरकार मैं डॉक्टर और दवाइयों दोनों से थक गया। घर आकर साफ-साफ शब्दों में पत्नी से भी कह दिया। अब मेरा जो होना होगा वह होगा। दफ्तर

का कितना हर्ज हो रहा है। कितना खर्च हो रहा है। जानती हो, अब तक डेढ़ हजार रुपये खर्च हो चुके हैं। पत्नी बेचारी चुप थी बोलती तो क्या बोलती।

इतने में हमारी एक पड़ोसन घर आई। वातावरण में तनाव देखकर उसने पूछा, ''क्या बात है।'' मैंने उसे सारा किस्सा सुना दिया। वह बोली, ''मैं अभी आती हूँ।'' पन्द्रह मिनट बाद वह एक प्याला चाय लेकर आई और कहा ''इसे पी जाइए।'' मुझे चाय की तलब लग रही थी। मैं झट चाय पी गया। पर पीते-पीते ही मुझे लगा कि सामान्य चाय से इसका स्वाद अलग है। पर चमत्कार, एक घंटे में ही मेरी नाक का बहना बंद हो गया और छींकें भी बहुत कम हो गयीं। शाम को दुबारा चाय पी और कुछ समय बाद ही सर्दी तथा नाक का बहना बंद हो गया। मैंने पड़ोसन से पूछा, ''कि आखिर तुमने चाय में क्या मिलाया था'' उसने कहा– ''कुछ खास नहीं-- हरी पत्ती, तुलसी, अदरक तथा थोड़ी-सी हल्दी।'' मैंने आश्चर्य से कहा– ''बस इतना ही।'' और मेरे सामने डॉक्टर, पैथोलोजिस्ट, केमिस्ट, इंजेक्शन, दवाएँ सभी के बिल घूम गए ।

इंटरव्यू का अंतर्व्यूह

वामधर सिंह, कामस्वरूप चतुर्मुखी एवं विद्याविनाशजी तथाकथित विद्वान विशेषज्ञ विश्वविद्यालय के हिन्दी विभाग के प्रोफेसर का इंटरव्यू लेने प्लेन से पहुँचे थे। वे प्लेन से इसलिए चलते हैं कि प्लान बना सकें। किसे लेना है और किसे जलील करना है। किस गधे को अरबी घोड़ा साबित करना है किस अरबी घोड़े को तेली का गधा!

वाइस चांसलर ने पूछा इंटरव्यू शुरू करें। झट वामधर सिंह बोले, ''तनिक रोकें'' और पास ही रखी थैली में से तंबाकू, चूना और सुपारी निकालकर सुर्ती फाँककर बोले, ''हाँ, अब ठीक है।'' इसी दौरान विद्याविनाशजी ने अपनी चुटिया और कामस्वरूपजी ने अपने चेहरे को ठीक-ठीक कर लिया था। ''हाँ अब, बुलाया जाए।'' बुलाए जाने पर भीतर जाकर हमने सभी को भारतीय पद्धति से नमस्कार किया। तीन तिलंगों को छोड़कर सभी ने उत्तर दिया। वामधर ने हमें देखा तो आसमान की ओर देखने लगे। कामस्वरूप लजीली आँखों से नीचे देखने लगे और विद्याविनाशजी अपना चश्मा ही पोंछने लग गए। नमस्कार के प्रत्युत्तर की यह शैली बड़ी मौलिक लगी। आखिर सभी उपस्थित विद्वान मौलिक प्रतिभा के थे। हमारी शोध समीक्षा बतलाती है कि मौलिक शब्द 'मूल' से बना है और 'मूल' का अर्थ 'जड़' होता है। हिन्दुस्तान का तथाकथित विद्वान सचमुच जड़ होता है।

कामस्वरूप जी ने हमारी ओर देखा देखते ही रहे। जैसे पूछ रहे हों, ''कौन जिला हो?'' फिर पूछा, ''कुछ लिखते-पढ़ते हो?'' मैंने आहिस्ते से अपनी सारी पुस्तकें रख दीं। शोध-ग्रंथ, मौलिक लेख, आलोचना, कविता-संग्रह, अनुवाद

आदि सभी कुछ। उन्होंने अच्छे रंग-रूप कवरवाली एक पुस्तक उठाकर उलटी-पलटी। फिर कहा, ''किताब तो बहुत 'फाइन' छपी है। पर इसमें भूमिका नहीं है।'' मैंने धीरे से कहा, ''है, पर छोटी है।'' उन्होंने हिकारत भरी नज़र से मेरी ओर देखा जैसे कह रहे हों, ''तुम प्रोफेसर आचार्य बनने लायक बिलकुल नहीं हो, क्योंकि तुम्हें तो अभी उसकी 'बेसिक' समझ भी नहीं है। अरे, हिन्दी का आचार्य और प्रोफेसर सारी जिन्दगी सिर्फ शिष्यों की पुस्तकों की भूमिकाएं ही लिखता है या आशीर्वाद देता है। कभी-कभी तो पुस्तक से भूमिका बड़ी हो जाती है। आखिर गुरु को अपना ज्ञान शिष्य पर गालिब करना होता है। और तुम ससुर दो पेज़ी भूमिका लिखकर चले आये हिन्दी प्रोफेसर बनने। ट्यूटर होने लायक तक नहीं हो बेअक्ल'', फिर पूछा, ''अच्छा 'साकेत' और 'कामायनी' की तुलना कीजिए।'' मैंने विनम्रता से पूछा, ''साकेत और कामायनी' की तुलना दोनों के किस पक्ष को लेकर करूँ।'' कामस्वरूप बोले, ''किसी भी पक्ष को लेकर करो।'' फिर शायद अपनी विशेषज्ञीय मूर्खता प्रकट हो जाने के खतरे को महसूस कर बोले, ''नहीं, नहीं हमारा मतलब यानी कि तात्पर्य यानी कि आशय 'साकेत' और आज़ादी के बाद के लिखे गए प्रबन्ध तत्व काव्यों में विचार-प्रधान हो गया है।'' मैं आगे बतलाऊँ कि वे बोले, ''तो क्या उसमें पात्र, प्रसंग, घटनाएं आदि होतीं और ऐसा चेहरा बनाया कि लो अब बोलो।'' साले को ऐसी पटकनी दी है कि अब उठ ही नहीं पाएगा। चारों खाने चित कर दिया। पर तभी मैंने कहा, ''होते हैं परंतु ये सब उपकरण विचार तत्व को ही और पुष्ट करने के लिए आते हैं।'' मेरा उत्तर पूरा हो इसके पहले ही उनका चेहरा बुझने लगा मानो बॉक्सर टॉयसन का एकाध घूंसा लग गया हो। उन्हें गिरते देख वामधर सिंह ने उन्हें सँभाल लिया और मुझ पर तोप दाग दी 'फंक्शनल' हिन्दी किसे कहते हैं, इसका हिन्दी अनुवाद क्या है? मैंने कहा, मोटे रूप में कहा जाए तो फंक्शनल हिन्दी हिन्दी के उस रूप को कहते हैं जिसमें सरकारी प्रशासनिक कामकाज किया जाता है। इसे हिन्दी में प्रयोजनमूलक हिन्दी कहते हैं।'' उन्होंने फिर पूछा, ''इसके लिए और कोई नाम है?'' मैंने कहा - ''दफ्तरी हिन्दी'' कामकाजी शब्द सुनकर ही वामधर जी खिल उठे और 'अब न चूकियो चौहान' के अंदाज में बोले, ''मालूम है आपको, हमारे यहाँ कामकाजी औरतों को कहते हैं।'' हमारा मन हुआ कि

कह दें हो सकता है कि आपके यहाँ औरतें सिर्फ काजी के ही काम आती हों। परन्तु वामधर सिंह से ऐसा पूछना उनके नाम को लजाना था और फिर वे इंटरव्यू ले रहे थे। मैंने प्रत्यक्षत: उनसे कुछ नहीं कहा। बस चुप रहा। उन्होंने फिर प्रश्न किया, ''परिवार नियोजन पर कोई फड़कता हुआ विज्ञापन बतलाएँ।'' मैं परेशान। चुनाव समिति के सभी सदस्य परेशान। हिन्दी प्रोफेसर के पद का इंटरव्यू और उसमें साहित्यिक ज्ञान और सवालों के बजाय ये क्या बकवास चल रही है। सबको मुझ पर दया आ रही थी। जिन्होंने कभी बकरी या गाय को कटते नहीं देखा वे मुझे देखकर उस दृश्य की कल्पना करने लगे थे। मैंने कहा, ''हम दो, हमारे दो, भगवान न करे, तीसरा हो।'' सब खुश। लगा कि संकट टल गया। लड़का बच गया। परंतु शैतानी तबियत पैशाचिक वृत्ति के आदमी इतने सीधे थोड़े ही होते हैं। झट पूछ लिया, ''इसकी विशेषता क्या है?'' मैंने कहा, ''यह सीधा-सरल है, जनता को हँसाता है। संदेश जल्दी से संप्रेषित करता है और इसमें काव्यात्मकता है।'' वे तपाक से बोले, नहीं, नहीं इसमें कोई काव्यात्मकता नहीं है बस 'रिद्म' है बस'' मैं चुप था। सोच रहा था कि काव्यात्मकता में 'रिद्म' का समावेश होता है या नहीं। मैंने देखा दूसरे विशेषज्ञ भी वामधरसिंहजी को बड़े ध्यान से देख रहे थे उन्हें देखकर वामधरजी ने आँख मारी फिर फुसफुसाते हुए बोले, ''लड़का बड़ा चतुर और होशियार है। ऐसे 'डाउन' नहीं करेंगे तो अपना प्लान चौपट हो जाएगा।'' इतने में फिर उन्होंने मशीनगन चलाई, ''अच्छा बतलाएँ कि सुंदर लड़की वफादार नहीं होती और वफादार लड़की सुंदर नहीं होती। इसका क्या अर्थ है।'' मैंने कहना शुरू किया, ''यह अनुवाद से संबंधित फ्रेंच मुहावरा है। इसका अर्थ है कि अनुवाद कभी मूल का स्थान ग्रहण नहीं कर सकता है।'' इतना कह ही रहा था कि वे उखड़ गए बोले- ''ऐसा कुछ नहीं है यह सिर्फ एक स्टेटमेंट है बस।'' किसका स्टेटमेंट है, कैसा स्टेटमेंट है मेरी आँखों में यह प्रश्न पढ़ते ही वह सिटपिटा से गए। उन्होंने पानी पिया फिर तम्बाकू खाकर चपरासी को बुलाया और कहा कि यदि मिस दारूवाला आई हों तो रुकने के लिए बोलना। ऐसा लग रहा था कि उनको धीरज नहीं था। इंटरव्यू में मन नहीं लग रहा था। उन्हें दारूवाला की फ्रॉक और गुदगुदा शरीर बेचैन कर रहा है। वे बार-बार घड़ी की ओर देख रहे थे। तभी मेरी सूझ में ठीक-ठीक आ गया

कि आखिर इनका नाम वामधर सिंह क्यों है और अंग्रेजी वाले इन्हें वामधार सिंह क्यों लिखते हैं और साहित्य में इनका उल्लेख भ्रष्ट छद्म, मार्क्सवादियों में क्यों होता है? सच बात तो यह है कि मार्क्सवाद तो इनका मुखौटा है। इनका असली मार्क्सवाद है- परीक्षाओं, साक्षात्कारों में सही उम्मीदवार के मार्क्स को घटा-बढ़ा कर अपने या अपनों के किसी चेले-चपाटे को राजसिंहासन पर बैठा देना। अथवा किसी सुंदरी के मार्क्स को 36' X 24' x 32' इंचीटेप से अपने सिद्धहस्तों द्वारा आहिस्ते-आहिस्ते मापना। तभी चपरासी ने आकर वामधर जी से कहा, " साहब बाई आ गई हैं। बाई बोलती है जल्दी करो, खाने, पीने, सोने का टाइम हो गया।" वामधरजी के चेहरे पर खुशी दिखाई देने लगी। उन्होंने झट अपनी तंबाकू की पोटली बंद की और मुझसे कहा कि "अब आप जा सकते हैं।" फिर दूसरों से कहा कि "आज इंटरव्यू यहीं समाप्त करते हैं।"

मैंने वामधरजी को नमस्कार किया पर शायद वे इंचीटेप में तब तक खो गए थे। और कामस्वरूप शायद सोच रहे थे कि ये गुरु तो चले मैं कहाँ जाऊँ। बाहर आकर देखा तो विद्याविनाशजी कान पर जनेऊ चढ़ाए किसी से टॉयलेट का रास्ता पूछ रहे थे। मेरा मन हुआ कि मैं उन्हें 'इंटरव्यू कक्ष' का रास्ता बतला दूँ।

हारे हुए कैप्टन का वक्तव्य

लो हर बार की तरह इस बार भी हम क्रिकेट शृंखला हार गए। परंपरा के प्रति हमारी यह निष्ठा अनुकरणीय है। वैसे जीतना हमारे लिए कतई मुश्किल नहीं था। अपने घर की पिच पर कौन नहीं जीतता। अपनी गली में तो कुत्ता भी शेर होता है पर हम गीदड़ ही बने रहे। यह हमारी विनम्रता का प्रमाण है। विनम्रता महापुरुषों का अलंकार कहा गया है। परंपरा ने हमें पराजित ही होने की सीख दी है। हमारा सारा इतिहास पराजय के स्वर्णाक्षरों से लिखा गया है। इतिहास साक्षी है कि लोग कभी घोड़े पर बैठे कभी बेड़े में बैठे आते रहे और हमें कुचलकर उजाड़ कर जाते रहे। आजादी के बाद भी कुर्सी पर बैठे लोग निरंतर हमें रौंदते आ रहे हैं। विजयी हमारा धान्य, हमारे युवक-युवतियों, पशु-पक्षी, पण्डित-विद्वान-पोथी सभी को लाद कर अपने देश ले गये। यदि नहीं ले जा पाए तो हमारी निरंतर हारने की परंपरा। ऐसी प्राणमय परंपरा, संस्कृति के ऐसे उज्ज्वल अवशेष का परित्याग क्या क्रिकेट जैसे मामूली खेल के लिए करना उचित होता? हम आत्मा की संस्कृति के गायक हैं। हमारा पूरा विश्वास है कि हमारी हार में भी जीत है। और उनकी जीत में भी हार है। यही कारण है कि जब हम विदेशों की टूर पर जाते हैं तो कभी वहाँ की कातिल हवा और कभी पानी हमें विजयी होने के खतरे से बचा लेती है। कभी-कभी हम आत्म दाह की मुद्रा में स्वयं अपना विकेट हिट कर चले आते हैं। ऐसा नहीं है कि विदेशियों की फास्ट बोलिंग से हमें डर लगता है पर ऐसे कठिन समय हमें प्रेरणा की आवश्यकता होती है। पर न तो वहां हमें कोई शर्मिला मिलती है और न कोई अंजु। जो दौड़ कर हमारे गले में वर माला पहना दे अथवा सगाई की अंगूठी नजर कर दे और तो और कोई अनाम

प्रशंसिका भी नहीं मिलती जो अब्बास अली बेग की भाँति हमारे भी पीले गालों पर गुलाबी चुंबन टाँक जाए। फिर हम कैसे खेलें। बिना प्रेरणा के खेलना बेगार टालना होता है। और इस तरह बिना प्रेरणा के हम कुछ नहीं कर पाते तब बस मोजों पर अपनी नीयत बिगाड़ बैठते हैं (यह अलहदा बात है कि इंग्लैण्ड के अच्छे से अच्छे किस्म के मोजे बम्बई की भव्य फुटपाथों पर इंग्लैण्ड से भी कम कीमत पर मिलते हैं।) पर इस नीयत बिगाड़ने में भी एक रहस्य है। हम राजनीतिज्ञों की पावन भूमि में जन्मे हैं। माँ की घुट्टी के साथ राजनीति से थोड़ा-बहुत परिचय हम सबका हो जाता है। जब देश में अकाल पड़ता है। बाढ़ आती है। कमरतोड़ महंगाई से जनता में असंतोष और आक्रोश छाता है। विप्लव की संभावना प्रबल हो उठती है। तब हमारे राजनीतिज्ञ झट काल्पनिक विदेशी हमलों की भयावह तस्वीर खींच कर हमारे असंतोष को दूसरी ओर मोड़ देते हैं। हम भी जब बहुत बुरी तरह पराजित होते हैं तब मोजे की चोरी जैसी कोई हरकत कर लोगों का ध्यान बंटा कर पराजय के कडुवे घूंट को चुपचाप पी जाते हैं। परंपरा पालन के लिए जो कीमत न चुकायी जाए वह कम ही है।

हम अपनी पिच पर मजे से जीत सकते हैं। हमारे पास विश्वविख्यात स्पिन आक्रमण है। चोटी के बल्लेबाज हैं। ओपनिंग से लेकर मिडिल तथा लास्ट नंबर तक। फिर भी हम हार जाते हैं। हारने का कारण हमारा अपना विशेष विश्वास और अपना चिंतन है। ले-देकर हमारे पास चिंतन और परंपरा ही तो बचे हैं। और तो धीरे-धीरे सब कुछ विदेश चला जा रहा है। सोना-चांदी से लेकर चावल -शक्कर तक। तकनीकी दिमागों से लेकर फिल्मी सुंदरियों तक। सभी विदेश जा बसे हैं। खैर, हमारी परंपरा है अतिथि देवो भव। अर्थात् अतिथि देवता होता है। साफ-साफ लिखा गया है कि वह सब करो जिससे मेहमान प्रसन्न हो। सोचिए, केवल एक वह बेचारा अपनी पत्नी, प्रेयसी, बाल-बच्चों और मां-बाप सभी को छोड़कर दो जोड़ी सफेद कमीज, दो सफेद पैंटों और एक स्वेटर लेकर भारत आता है। ऋषियों, महात्माओं, त्यागियों की तपोभूमि पर पाँव रखता है उसकी केवल एक मामूली सी कामना होती है- विजय वह लगातार हार गया तो डरता रहता है कि उसकी प्रेयसी दूसरों की बाँहों में चली जाएगी। पत्नी तलाक दे देगी। बाप बेटे को पहचानने से इंकार कर देगा। बेचारा कितना निराश हो जाएगा। और फिर हम अतिथि धर्म का पालन करते हुए अभय दे उसकी मनोकामना पूरी करते

हैं, दधीचि की तरह उसे सबकुछ देते हैं। एक या दो सेंचुरी, जिसको जितनी मारनी हो मार ले। हम अपना आक्रमण भौंथरा कर लेते है। फील्डिंग लूज। बड़े आसान कैच छोड़ देते हैं जैसे मीसा के अंतर्गत गिरफ्तार तस्कर आसानी से अदालत में छूट जाता है। वह और उसके साथी खूब रन बनाते हैं, खूब रन बनाते हैं। हर रन उन्हें उनकी पत्नी प्रेयसी परिवार से और ज्यादा बाँधता है और उनके रनों के हिमालय से हमारा मन मेहमाननवाजी के संतोष से पुलकित हो उठता है।

हम अपनी पारी में परंपरा को छोड़ कर चिंतक हो जाते हैं। राजनैतिक चिंतन हमारा सबसे बड़ा प्रशिक्षक हो जाता है क्योंकि हमारे देश में खेल, शिक्षा कृषि का महत्व नहीं है। महत्व है तो सिर्फ राजनीति का। हम समाजवादी हैं। हम गरीबी हटाने में लगे हैं। जमाखोर संग्रहखोरों के पीछे पड़े हैं। अगर ऐसे में हमारा कोई खिलाड़ी अधिक रन संग्रह कर ले तो वह अपने सिद्धान्तों से स्खलित हो जाएगा। अनजाने उस पर पूंजीवादी होने का आरोप मढ़ दिया जाएगा। अतः हम सब मिलजुल कर रन बनाते हैं। कभी सबने मिलकर एक-डेढ़ शतक बना लिया और अधिक हुआ तो दो-ढाई शतक। संघौ शक्ति कलियुगे। यह हमारी संघ भावना है कि अपने किसी एक खिलाड़ी पर अकेले अधिक भार नहीं डालते। उसे क्रिज पर अधिक समय तक खड़े रहने के लिए दबाव नहीं डालते। ग्यारह खिलाड़ियों से घिरे अभिमन्यु को हम तुरंत निजात दिलाते हैं। क्योंकि हममें से कोई भी अभिमन्यु नहीं बनना चाहता है। यही कारण है कि पारी के शुरू होते ही हम एक सुनियोजित क्रम बना लेते हैं एक खिलाड़ी के आउट होते ही दूसरा भी कहता है- 'रुको, मैं भी चलता हूँ'। और फिर लौटने का कार्यक्रम शीघ्रता से प्रारंभ हो जाता है। फलस्वरूप हम हारते हैं और बुरी तरह हारते हैं। एक इनिंग से हारने को हम हार तब तक नहीं मानते जब तक उसके साथ सौ-दो सौ रन और न हों। बुरी तरह से हार कर जहाँ हम अतिथियों का मनोरंजन करते हैं उनके मनोबल को बढ़ाते हैं वहीं हम अपनी हर पराजय को एक ऐतिहासिक शक्ल भी दे देते हैं।

हारने में हमें रन आउट होना पसंद है। ऐसा नहीं है कि हम दौड़ नहीं पाते पर जब-जब हम दौड़ने की कोशिश करते हैं तब-तब हमारी आस्तिकता हमारे

आड़े आ जाती है। इस देश में केवल भगवान विष्णु ने वामनावतार धारण कर तीन डगों में तीन लोक नाप लिए थे। अगर हम तीन डगों को नाप कर क्रिज तक पहुंच गए तो हमारा प्रवेश देवत्व की सीमा में हो जाएगा। ऐसी धृष्टता हम पामर जीव कैसे कर सकते हैं? कभी-कभी हम पर जब आस्तिकता का रंग पूरा चढ़ जाता है तब हमारी पराजय के अवसर और उज्ज्वल हो उठते हैं। हम भी दशरथ की तरह 'प्राण जाहिं पर वचन न जाहिं' के वजन पर बोल उठते हैं - 'जाय विकेट पर गेंद न जाय' और बाहर जाती हुई गेंद को मार कर हरखते हुए हम अपना विकेट खो देते हैं। वैसे हम लोग कैच आउट होना पसंद करते हैं। इससे न तो हमें बल्ले के दो-चार हाथ दिखाने पड़ते हैं और न रन बनाने के लिए भागना पड़ता है। हम अपने अतिथियों से कह देते हैं —बस हमें घेर लो और अपना इच्छित फल प्राप्त करो। यहाँ-वहाँ मत भटको। गेंद तो तुम्हारी हथेली में ही है।

यहाँ पर एक रहस्योद्घाटन कर दूँ। हर क्रिकेट प्रेमी के मन में यह प्रश्न अनादिकाल से गूँज रहा है कि जब हमारे पास बढ़िया बोलर, अच्छे बेट्समेन और अच्छे क्षेत्र रक्षक हैं तब भी हम हार ही क्यों जाते हैं। 'ड्रा' क्यों नहीं कर लेते। कभी-कभी हम ड्रा भी करते हैं पर यह समझौतावादी मुहावरा है अत: इससे हमें सख्त नफरत भी है। हाँ तो आज रहस्योद्घाटन कर ही दूँ कि हम हारना ही क्यों पसंद करते हैं। जैसा कि मैं निवेदन कर चुका हूँ कि हमें खेल से अधिक अपनी परंपरा, अपना राजनीतिक चिंतन का अधिक ख्याल है। जब दो खेलेंगे तो एक जीतेगा और दूसरा हारेगा ही । लोग जीत कर लोगों को खुश करते हैं हम हार कर लोगों का प्रहसन करते हैं। सीधा-सादा तर्कशास्त्र है सिम्पल लॉजिक है। पर ये सतही कारण हैं। मूल कारण यह है कि संसार भर में हमारे देश की प्रतिष्ठा एक पुअर कन्ट्री के रूप में है अगर हमारा खेल भी पुअर नहीं हुआ तो इस तस्वीर के धुंधली हो जाने का खतरा है। यही कारण है कि हम हारते हैं और बुरी तरह हारते हैं। चाहे हमारी स्कूली टीम हो चाहे टैस्ट टीम। हारना हमारे लिए एक राष्ट्रीय अनिवार्यता है।

वैसे हम टैस्ट श्रृंखला जीत भी सकते हैं पर जीत लेने से हमें बहुत-सी परेशानियों का सामना करना पड़ सकता है। कंपनियों, दफ्तरों से हमें खेलने के

लिए जो सुविधाएँ मिलती हैं। खेल के अभ्यास आदि के लिए जो छूटें मिलती हैं उनके रद्द हो जाने की संभावना हो जाती है। हारने पर तो हमारा उच्चाधिकारी प्यार-भरे स्वर में हमें थपथपाते हुए साहस बँधाता है। हमें उत्साहित करता है, और अभ्यास के लिए और ज्यादा सुविधाएँ देता है। तब दफ्तर में हस्ताक्षर कर हम दिन भर गायब हो जाते हैं। अभ्यास के लिए प्ले ग्राउंड पर कुछ समय के लिए पहुँच वहाँ से अवसर पाते ही चुपचाप खिसक जाते हैं और कहीं बैठ अपनी प्रेमिका की जुल्फों से खेलने का अभ्यास करते रहते हैं। मगर जीत जाने पर यह सब बंद हो सकता है। अलावा इसके अगर जीतने के बाद खुदा न खास्ता हम कोई टैस्ट श्रृंखला हार गए तो हो सकता है कि असमय में ही हमें प्रथम श्रेणी के क्रिकेट से अवकाश ग्रहण करना पड़े। और तब पता नहीं कोई हमारे किस फेस्टिवल मैच का आयोजन भी करवाए या न करवाए। अतः इन सब झंझटों से बचने के लिए सबसे अच्छा रास्ता यही है कि बस हारते चलो। हारते चलो। हारने में ही लाभ है ।

जीनियस

वह मेरे अच्छे मित्र हैं। अच्छे अंतर्राष्ट्रीय ख्यातिप्राप्त चित्रकार हैं। जहाँ-तहाँ सब स्थानों पर उनकी पेंटिंग्स दीवालों की शोभा बनी हुई हैं। फिर चाहे वह किसी राजा-महाराजा की कोठी हो। अभिजात्य किस्म के दफ्तर हों। डॉक्टरों-वकीलों के चैम्बर्स हों। या किसी सेठजी का आलीशान बंगला हो।

यद्यपि वे मेरे बहुत करीब के मित्र हैं पर यह दीगर बात है कि आज तक मुझे उनकी कोई भी मॉडर्न पेंटिंग समझ में नहीं आयी। एक दिन उन्होंने एक पेंटिंग बनाई और मुझे समझाना शुरू किया। फिर उन्होंने मटमैले रंगों से एक गोला बनाया। फिर उसमें कई आड़ी-टेढ़ी लकीरें खींचीं। गोले के शिखर के पीछे एक लाल रंग की रेखा खींची। इतना करने के बाद उन्होंने समझाना शुरू किया- "ये जो दो पहाड़ दिखाई देते हैं। वे कटे हुए गोले को पहाड़ कह रहे थे। उनके पीछे सूरज है, देखो, पहाड़ की चोटी पर लाल-लाल किरणें दिखाई दे रही हैं। सच बात तो यह है कि न तो मुझे कहीं कोई सूर्य बिम्ब ही दिखाई दिया और न चोटी पर बिखरी लाल किरणें। पर मैंने स्वीकृति में सिर हिला दिया। उन्होंने कहा कि सूर्योदय के साथ अंधकार दूर होगा और चारों ओर समृद्धि होगी। मनुष्य की निराशा अंधकार है और सूर्य-प्रकाश आशा और आस्था। लाल किरणें प्रतीक हैं समृद्धि की।" मैंने मन ही मन सोचा कि हमारे मित्रवर अगर चित्रकार के बजाय कवि होते तो शायद उनकी कुछ बात तो अपने पल्ले पड़ती। कभी वे कुछ अजीब-सी रेखाओं को चित्रित कर उनमें नीले , लाल तथा पीले आदि रंगों के धब्बे बनाकर समझाएंगे, "ये इन्द्रधनुष है। इसमें जो नीला रंग है, वह शक्ति का प्रतीक है। मनुष्य की आंतरिक शक्ति का।" मैंने ध्यान से देखा पर उस नीले

रंग के भद्देपन के कारण घबड़ाहट-सी होने लगी। मुझे लगा कि इस रंग-संयोजन और भदेस-प्रयोग को देखकर अच्छे-अच्छे अपनी सारी ताकत लगाकर यहाँ से भाग खड़े होंगे। कदाचित इसीलिए मित्रवर ने इसका शीर्षक काफी सोच-समझ कर रखा है। कभी वे बतलाएंगे विचित्र से सिर पर एक अजीब-सा मुकुट और उसके पास रखी एक तलवार। उसे स्पष्ट करते हुए वे बोले-"पहचाना इस सिर, मुकुट और तलवार को? ये हमारी भारतमाता हैं।" मैं सोचने लगा कि क्या सचमुच हमारी भारतमाता ऐसी बदशक्ल और कुरूप हैं। परंतु दोस्ती का यही तकाजा है कि उसके सामने उसकी हर पेंटिंग के लिए वाह-वाह और गजब-गजब कहना पड़ता है।

एक दिन उन्होंने एक नया चित्र बनाया। उसमें एक हड्डीनुमा कुछ था और एक चक्र जो सीधा न होकर टेढ़ा-मेढ़ा था। उन्होंने उस चक्र को दिखा कर समझाया, "देखो, यह चक्र है। इस चक्र में दो छोरों पर क्रमशः काल तथा युग का परिवेश है। फिर हड्डी की ओर संकेत कर कहा कि यह आदमी है। आज का आदमी किस तरह धुन-चक्र तथा काल से दबा पिस रहा है।" मुझे कुछ खाक समझ में नहीं आया पर हमेशा की तरह मैंने उनके इस यथार्थवादी सृजन के लिए बधाई दी। पर इतने में वे बोल उठे-"गुरू, गजब हो गया। मैंने तुम्हें उलटा चित्र दिखा दिया है।" और वे चित्र को सीधा करने लगे। मुझे लगा कि वे स्वयं को लज्जित महसूस कर रहे हैं। मुझे उनका इस तरह लज्जित होना, अच्छा नहीं लगा। मैंने तुरंत कहा- "बंधु इस उलटे चित्र से तो भावाभिव्यक्ति का इफेक्ट और बढ़ गया है। इसे ऐसा ही रहने दो। काल प्रत्यावर्तन, उसकी करालता में दबा पिसता आदमी चीखता-सा लगता है। कितना असहाय और दयनीय लग रहा है आज का मनुष्य।" उसे शायद अच्छा लगा। उसके माथे पर आई शिकन दूर हो गयी। उसने मुस्कराते हुए कहा- "गुड सजेशन।" उसने चित्र को उलटा ही रहने दिया। उस पर तारीख डाली। अपने हस्ताक्षर किए और उसका शीर्षक 'संकट बोध और मानवीय विघटन' दे दिया। इसके बाद वे मुझसे बोले-- "मैं जानता था कि तुम में चित्र कला की अच्छी समझ है। आज उसका प्रमाण भी मिल गया।"

बहरहाल, हमारे दिन मज़े से गुजर रहे थे। इस बीच कभी फाकेकशी की

नौबत नहीं आयी और न कभी मुझे अनावश्यक रूप से तारीफ के पुलंदे खोलने पड़े।

एक दिन की बात है। मैं सोकर उठा ही था कि मैंने देखा कि वे अपनी कुछ पेंटिंग्स को फ्रेम, ब्राउन तथा रंगीन कागज आदि लगा रहे हैं। मुझे लगा कि कहीं इस कमरे को छोड़ने की कोई बात तो नहीं हो गयी। मैं चिंतित हो गया कि अगर वे कमरा छोड़ देंगे तो मुझे भी टिकट कटाना पड़ेगा। वही इस कमरे का किराया देते हैं। मेरा खाना-पीना भी उन्हीं के खाते में जाता था। मैं तो कवियाया हुआ हूँ। नौकरी मिलती तो कवि का स्वाभिमान आड़े आ जाता था। अतः दूसरे के भोजन और दूसरे के स्थान पर मुफ्त रहने पर भी मैं अपने स्वाभिमान को सुरक्षित समझता था। सच बात तो यह है कि उन्हें मेरे जैसा दर्शक श्रोता तथा चित्र-कला का अनाड़ी आलोचक चाहिए था और मुझे रहने तथा खाने-पीने का इंतजाम करने वाले किसी शरणागत अथवा मित्र की जरूरत थी। मैंने सहसा उससे पूछ लिया– "चित्रकार श्रेष्ठ । क्या कर रहे हो ? ये सारी पेंटिंग्स क्यों निकाल ली है। क्या मकान बदलना है?" उन्होंने कहा, "गजब हो गया दोस्त, कल से आर्ट गैलरी में मेरे चित्रों की एकल प्रदर्शनी होने वाली है। दीपावली का समय है। बड़े-बड़े संपादक, कला-विवेचक तथा धनाढ्य वर्ग के संभ्रान्त लोग आएंगे। हो सकता है कुछ चित्र बिक जाएं तो साल भर के लिए कमाई की झंझट से छुटकारा मिल जाए।" मैंने उसके कलाकार से हट कर पेशेवर दिमाग को सराहा और कहा – "आइडिया अच्छा है। इस 'शो' से संपादक तथा कला-विवेचक आपको प्रसिद्धि के नये शिखर देंगे और श्रेष्ठ वर्ग की कला पारखी दृष्टि आपका और आपकी कला का अभिनव सम्मान करेगी।" यह सुनकर वह मंद-मंद मुस्कुराया। उसने कहा– "गुरू, जल्दी तैयार हो जाओ। आज ही ये चित्र आर्ट गैलरी में कलात्मक ढंग से लगाने होंगे।" मैं आनन-फानन में तैयार हो गया। चित्रकार ने कहीं से एक मेटाडोर का इंतजाम किया था। सारे चित्र शीर्षकों सहित, फ्रेम में मढ़कर उसमें रखे गए।

उस समय 'आर्ट गैलरी' में हम सिर्फ दो व्यक्ति थे। हमारे मित्र ने विभिन्न कोणों से चित्रों को इस प्रकार लगाया कि वे और अधिक आकर्षक लगने लगे।

देखकर मुझे लगा कि अपना दोस्त गजब का जीनियस है।

दूसरे दिन सुबह दस बजे प्रदर्शनी का उद्घाटन था। अच्छी-खासी भीड़ थी। करीब ग्यारह बजे उसने छह चित्रों पर जिनकी कीमत पाँच हजार रुपये से दस हजार रुपये के बीच थी, उन पर Soldout बिक गया, की स्लिप लगा दी। मैं आश्चर्यचकित था कि अभी तो किसी ने चित्रों के बारे में पूछा तक नहीं, फिर ये बिक कैसे गए? पर मैं चुप रहा। फिर एक बात और दिखाई दी कि सभी चित्रों पर उनका मूल्य जो हजारों में था, लिख दिया गया था। शायद उसने रात में आकर यह कार्य किया था। मुझे भी इसका अनुमान तक नहीं था।

दिनभर प्रदर्शनी चलती रही। कई चित्र डाक्टरों, वकीलों तथा धनाढ्यवर्ग ने खरीदे। उन्होंने तुरंत भुगतान भी कर दिया परंतु हमारे मित्र ने खरीदारों से अनुरोध किया कि चित्र पर मैं 'बिक गए' की चिट लगा देता हूँ। पर आप इन्हें शाम के बाद ले जाएं ताकि अन्य व्यक्ति भी इन चित्रों का जायजा ले सकें। किसी को इस पर कोई आपत्ति नहीं थी। विनम्रता, मुस्कुराहट से लदे-फदे हमारे मित्र जहाँ एक ओर अपने बड़े-बड़े ग्राहकों को प्रसन्न कर रहे थे वहीं संपादकों और कला-विवेचकों को कोई छोटी-मोटी पेंटिंग्स उपहारस्वरूप देकर उन्हें कृतज्ञ कर रहे थे।

मैं परेशान था कि आखिर यह माजरा क्या है? शाम जब प्रदर्शनी खत्म हुई। बिकी हुई पेंटिंग्स की डिलीवरी हो चुकी। संपादक-कला-विवेचक अपने-अपने गिफ्ट पैकेट लेकर विदा हो गए, तब मैंने देखा कि प्रदर्शनी के खुलते समय चित्रकार ने जिन चित्रों पर भारी दामों की चिटें लगा दी थीं, वे वहाँ वैसी ही थीं। उनकी डिलीवरी लेने कोई नहीं आया था। मैं चित्रकार के हुए नुकसान को लेकर दुःखी हो रहा था। मैंने उसका दुःख हलका करने के उद्देश्य से कहा- "बंधु, कैसे लोग होते हैं, पेंटिंग पसंद कर लेते हैं पर फिर ले नहीं जाते। कितना नुकसान कर देते हैं।" मेरी बात सुनकर वह खिलखिला कर हँस पड़ा और हँसते-हँसते पूछा- "दोस्त कौन-सी पेंटिंग्स कौन-से लोग नहीं ले गए?" मैंने उन पेंटिंग्स की ओर इशारा कर दिया। उसने कहा, "बंधु आज की प्रदर्शनी से

चालीस हजार रुपये मिले हैं और इन पेंटिंग्स के कारण न तो कोई नुकसान हुआ और न ही लोगों ने फँसाया है क्योंकि इनका कोई खरीदार था ही नहीं। मैंने अपनी ओर से ही ये स्लिपें इन पर लगा दी थीं। मनुष्य का यह मनोविज्ञान है कि वह अपने को किसी दूसरे से हेय नहीं देख सकता। बस, बंधु इसी कारण लोगों ने भारी दाम चुका कर भी पेंटिंग्स खरीदी। चलो, बची हुई पेंटिंग्स मेटाडोर में रखवा दें और फिर किसी आलीशान होटल में चलकर डिनर किया जाए।'' मैं जीनियस का चेहरा देखता रह गया।

मैंने पी-एच.डी. की

जब महसूस हुआ कि मुक्ति का मार्ग पी-एच.डी. के राजमार्ग से ही गुजरता है तब हमने भी तय कर लिया कि बस अब तो पी-एच.डी. कर ही लेनी चाहिए। जब जनता की श्रेणी (तृतीय श्रेणी) प्राप्त हुई हो तो राजमार्ग के अलावा कोई रास्ता नहीं बचता। जो फर्स्ट क्लास हैं अथवा सैकिण्ड क्लास हैं वे कोई न कोई शॉर्ट कट मार लेते हैं और नौकरी बनाम मुक्ति प्राप्त कर लेते हैं। पर अपने सामने तो लाचारी का दरिया लहरा रहा था– 'लाचारी का दरिया लहराता है बेशुमार' बतर्ज 'इश्क का दरिया लहराता है बेशुमार।' सूफी संतों की भांति हमने भी 'गुरु सुआ जेहि पंथ दिखावा, बिन गुरु जगत को निरगुन पावा' के वजन पर 'गुरु वही जो डिग्री देवे, बिन गुरु शिष्य आज का रोवे' के आधार पर गुरुजी का नाम, स्मरण, कीर्तन भजन सभी कर गुरुजी के चरणों में शीश नवा दिया, शायद उस दिन गुरुदेव की कुण्डलिनी जागृत थी याने की पैंट में से चड्डी के सूत्र दिखाई दे रहे थे, अतः उन्होंने रजिस्ट्रेशन का तीर मार कर हमें दीक्षित कर लिया।

जल्दी ही शोध-प्रबंध की रूपरेखा बनी यानी कि पी-एच.डी. रूपी सिंहल द्वीप की राजकुमारी से मिलने के लिए व्यूह रचना तथा नक्शा तैयार किया गया। गुरुजी धीरे-धीरे मार्ग की बाधायें, मायारूपी राक्षसों का भय आदि समझा रहे थे; पर हम आश्वस्त थे जब गुरु साथ हों तो भय काहे का। 'प्यार किया तो डरना क्या' की गीत पंक्ति बार-बार होठों पर आ रही थी, पर गुरु देव नाराज न हों इसलिए हम उसे दबाये हुए थे और धीरे-धीरे गुनगुना रहे थे–गुरु सुआ जेहि पंथ दिखावा, गुरुजी होठों ही होठों में मुस्करा रहे थे जैसे कह रहे हों– अच्छा बेटा, ठहरो, सब थोड़े ही दिनों में समझ में आ जाएगा।

रिसर्च वर्क शुरू हुआ। गुरुजी की आज्ञा से पराई औरतों को ताकने-झाँकने की तरह हमने भी परायी थीसिसें देखनी शुरू कर दीं और जहाँ कुछ जँचा आहिस्ते से शब्द बदल कर उसका उपयोग अपने शोध-प्रबंध में कर लिया। यहाँ पराई औरत और थीसिस में थोड़ा-सा अंतर होता है। पराई औरत पसंद आने पर भी केवल जीभ चटखारी जा सकती है पर पी-एच.डी. में एक सुविधा यह है कि पराई थीसिस को पराई समझने का व्यामोह त्यागना पड़ता है। उसे अपनी ही समझना पड़ता है और युगबोध, आधुनिकता, सम-सामयिकता तथा कला बोध के नाम पर बुश्शर्ट के कॉलर या बटन की तरह शब्दों में हेरफेर कर उसे नया रूप देना पड़ता है।

जब हमने पहला चेप्टर पूरा किया तो गुरुजी अतीव प्रसन्न हुए। पहली बार हमें उन्होंने अपने पैसों से चाय पिलाई। इसके पहले हम उन्हें कम से कम पचास बार भोग चढ़ा चुके थे। हमने चरणामृत से ही संतोष कर लिया। बोले- "कार्य तो अच्छा है पर जरा धीरे-धीरे करो। तुम्हारी कट शैली से हम अत्यधिक प्रसन्न हैं पर यदि इतनी जल्दी कार्य करोगे तो लोग तुम पर हम पर शक करेंगे। धीरे-धीरे काम करो।" उनकी मुद्रा गंभीर हो गयी। थोड़ा रुक कर वे आगे बोले- "सुनो जो दो साल में पी-एच.डी. कर लेता है वह फिसड्डी होता है पर जो इसमें पाँच-छह साल लगाता है वास्तव में उसी के काम की कद्र होती है। पी-एच.डी. साधना है। बड़ी भारी साधना है इसे छिछला मत बनाओ। नहीं तो केवल कीचड़ हाथ आएगा।" हम गुरुजी के चरणों में गिर पड़े। हमने कहा, "गुरुदेव क्षमा करें फिर भविष्य में ऐसी गलती नहीं होगी। आपको शिकायत का मौका नहीं मिलेगा। गुरुजी आश्वस्त हुए। उन्होंने अपनी धोती कुछ इस तरह कसी कि कहीं मैं उनकी धोती से छटक न जाऊँ।

फिर कृच्छ साधना प्रारंभ हुई। पहले अध्याय के लिए तो बहुत-से सहयोगियों से सहयोग मिल गया था। कैंची ने भी सुविधा प्रदान की थी गोंद ने भी सहयोग दिया था। पर दुर्भाग्य से दूसरे चेप्टर के लिए कहीं कोई सामग्री नहीं। कहीं कोई दिशा नहीं। आँखों से बरसात की झड़ी और नागमती की तरह मैं अकेला। अंधकार केवल अंधकार। रोते-रोते गुरुजी के मिलन-स्थल कॉफी हाउस में पहुँचा और व्यथा बतलाई। गुरुजी मुस्करा दिए। कहा -"चिंता मत

करो, अभी तुम्हें सामग्री के स्रोत बतला देते हैं। मैं प्रसन्न हूँ कि तुम्हें पी-एच.डी. के मार्ग की बीहड़ता का अब अनुभव होने लगा। लो चाय पिओ।'' मैंने चाय पी और गुरुजी जब तक जेब में हाथ डाले रहें, तब तक मैंने बिल चुका दिया। यह भी एक रहस्य है कि जब तक मैं बिल चुका न दूँ तब तक गुरुजी का हाथ जेब में ही रहता है जैसे भीतर ही भीतर सुमिरनी फेर रहे हों। फिर यहाँ-वहाँ की बातें हुईं बातों में दो घंटे बीत गये। मैं लगातार सोचता रहा कि अब गुरुजी चेप्टर के बारे में बोलेंगे कि अब सामग्री का स्रोत बतलाएंगे पर ऐसा लगता था कि गुरुजी लौकिक जगत में थे ही नहीं। उन्हें फिर से पार्थिव जगत में लाने के लिए मैंने झट मघई पान के दो बढ़िया बीड़े बनवा कर श्रद्धा से उन्हें दिए। जब-जब गुरुजी आध्यात्मिक लोक में पहुँच कर ध्यानस्थ हो जाते हैं तब-तब मघई पान की औषधि मिलने पर ही वे इस लोक में पुनर्अवतरण करते हैं। जब चेतना में लौटे तब हमने गुरुदेव की ओर देखा और मन ही मन कहा, 'केशव, कही न जाई का कहिबो।' उन्होंने कहा- ''तो लिखो मैं प्रेरणास्रोत बतलाता हूँ। तुम न तो बीच में कुछ बोलना और न कोई प्रश्न पूछना।'' मैं मुग्ध-भाव से तैयार हो गया। पर यह क्या। गुरुजी का पान से लाल हुआ चेहरा पीला पड़ने लगा जैसे तेज तम्बाकू लग गयी हो। फिर थोड़ी देर चुप रह कर बोले- ''देखो, इसके लिए तुम्हें इलाहाबाद, दिल्ली और पटना जाना पड़ेगा। ऐसा करो फिलहाल तुम इस चेप्टर को छोड़ दो।'' मैं कहूँ कि मैं जाने को तैयार हूँ, इसके पहले ही वे मृगचर्म पर से उठ खड़े हुए। बोले- ''मुझे अभी एकेडेमी कौन्सिल की बैठक में जाना है। जाओ तीसरा चेप्टर लिख कर लाओ।'' फिर रुक कर बोले- ''ऐसा करो, दूसरे चेप्टर को तुम निकाल दो और तीसरे चेप्टर को ही दूसरा बना लो।'' मैंने साहस कर कहा- ''पर गुरुदेव, मैं इलाहाबाद, दिल्ली तथा पटना जाने को तैयार हूँ। आप बस पता बता दीजिए। क्यों दूसरे चेप्टर को छोड़ा जाए।'' गुरुदेव मेरे प्रस्ताव से पल भर को सहम गये फिर गुस्से में बोले-''तुम्हें काम करना है या इलाहाबाद, दिल्ली, पटना घूमना है। यदि तुम्हें घूमना-घामना ही है तो पी-एच.डी. करने का बहाना क्यों बनाते हो। चले जाओ यहाँ से। ऐसे निकम्मे छात्र के लिए मेरे यहाँ कोई जगह नहीं है।''हमने उनके पाँव छू कर उनसे माफी माँगी तब कहीं जाकर उनका गुस्सा कम हुआ। वे आशीर्वादात्मक मुद्रा में

मुस्कुराने लगे। घर आकर हमने पहला काम यह किया कि दूसरे चेप्टर को शहीद कर दिया या यूँ कहिए कि गुरुजी के नाम पर हलाल कर दिया और तीसरे को ही दूसरा बना लिया गोया–हम दो, हमारे दो।

अगला चेप्टर हमने जम कर लिखा। हिन्दी, अंग्रेजी, गुजराती, मराठी सभी साहित्य धाराओं से आचमन कर, एक सौ एक बार गुरुदेव का स्मरण कर सभी देवताओं को प्रणाम कर चेप्टर को हम गुरुजी के पास ले गए। चेप्टर देख कर गुरुजी चिहुँक पड़े–एक सौ बारह पेज लिख डाले और हमसे पूछा तक नहीं। सच बात तो यह थी कि पूछने का मन होने पर भी हमने उनसे इस बारे में कभी कोई चर्चा नहीं की। हमें यह डर लग रहा था कि इस बार कहीं कुछ पूछेंगे तो अब की बार वे हमें लंदन, न्यूयार्क और मास्को जाने का सुझाव दे देंगे। इसलिए हम पहले से ही सतर्क थे और न पूछने का महान अपराध कर बैठे थे। पर जवाब तो देना ही था। मैंने कह दिया – ''गुरुजी मैंने सोचा कि आपने उस दिन जो डिस्कस किया था वही पर्यात्त है। आपको और ज्यादा कष्ट देना मैंने उचित नहीं समझा।'' ''अच्छा हाँ, हाँ वे गोभी के फूल की तरह विहँस पड़े। अरे मैं तो भूल ही गया था कि तुमने इस बारे में मुझसे मार्गदर्शन ले लिया था।'' उन्होंने अध्याय में एक-दो संशोधन कर दिए। उदाहरणस्वरूप जैसे मैंने लिखा था कि ''राम महान थे।'' उन्होंने इसे सुधार कर लिख दिया– ''राम बड़े महान थे।'' फिर एकाएक जैसे उन्हें कोई बात याद आ गयी। उन्होंने कहा कि ''टेलर के पास से अब तक पप्पू का शर्ट नहीं आया है उस तरफ कभी जाओ तो ले आना।''

उस तरफ जाने का सवाल ही नहीं था। पाँव स्वयं उसी तरफ मुड़ गए। शायद डॉ. शिवमंगल सिंह 'सुमन' के साथ भी भी ऐसा ही हुआ होगा अन्यथा वे ऐसा क्यों लिखते –''मैं न आया था तुम्हारे द्वार, पथ ही मुड़ गया था।'' जब मैं टेलर के पास पहुँचा तो उसने कहा–''साहब, कमीज तो पन्द्रह दिनों से तैयार पड़ी है। ले जाइए।'' फिर उसने पुछा– ''पैसा आप देंगे या डॉक्टर साहब।'' मैंने कहा –''मुझसे ही ले लो। कितने हुए।'' उसने 80 रुपये का बिल थमा दिया। बिल देखकर मैं चौंक गया। मुझे इतनी अधिक महँगी सिलाई का अंदाज न था। मैंने पुछा– ''क्यों भाई एक कमीज की सिलाई इतनी ज्यादा।'' उसने कहा – ''साहब इसमें कपड़े के दाम भी शामिल हैं।'' गुरुजी ने पहले हमें कट

अप शैली सिखाई और फिर उसी दाँव से चित कर दिया।

इसी तरह कितने ही नदी-नाले पार कर हम आखिरी चेप्टर तक पहुँच गए और बस ऐसा समझें कि "इस तरह किश्ती फँसी तूफान में डूब जाना ही किनारा हो गया।" गुरुजी को चेप्टर्स पसंद नहीं आ रहे थे। किसी में शैली ठीक नहीं थी। किसी में सामग्री कम थी। किसी में भाषा का मँजाव कम था। मैं सूफी संप्रदाय के राजकुमार की तरह अच्छी से अच्छी सामग्री सिंहलद्वीप की पी-एच.डी. पदवी रूपी राजकुमारी को पाने के लिए प्रस्तुत कर रहा था पर गुरु बनाम सुआ प्रतिकूलता के नाम पर उसे बार-बार बाधित कर देते थे। छह वर्षों का लम्बा समय गुजर गया था। मैं भीतर ही भीतर इस प्रबंध-प्रसंग से ऊबने लगा था सो कुछ समय के लिए चुप्पी साथ ली । गुरुजी के दर्शन को भी नहीं गया। पर मरता क्या न करता। एक दिन मन मार कर मैं गुरुदेव के घर पहुँचा। पता चला कि वे बाहर गए हुए हैं और दो सप्ताह बाद आएंगे पर मेरे लिए निर्देश छोड़ गए थे कि उन्होंने सभी चेप्टर चैक कर लिए हैं और प्रबंध जमा कराने की अन्य औपचारिकताएँ मैं पूरी कर लूँ।

मैं प्रसन्नचित्त से सारे चेप्टर्स उठा लाया और सहज जिज्ञासावश देखना चाहा कि गुरुजी ने कहाँ-कहाँ क्या-क्या परिवर्तन किए हैं? देखने पर पता चला कि कबीरदास की तरह मेरे शोध-प्रबंध की चदरिया भी ज्यों की त्यों बेदाग थी।

आज मेरी 'मौखिकी' है। विशेषज्ञ एवं गुरुजी टेबल की एक तरफ बैठे हैं और मैं दूसरी ओर। चाय-नाश्ते का दौर चल रहा है। विशेषज्ञ ने प्रश्न पूछा- कहाँ के रहने वाले हो? घर में कौन-कौन हैं? क्या काम करते हो? मैं बड़े विनम्र भाव से उनकी हर जिज्ञासा का उत्तर दे रहा था। इतने में गुरुजी ने भोजन का प्रस्ताव रखा। विशेषज्ञ ने स्वीकृति दी। अच्छे महँगे होटल में खाना खाया गया। एक मोटी रकम का बिल मैंने चुपचाप अदा कर दिया। फिर उन्हें कुछ खरीदारी करनी थी। गुरुजी ने मुझे उनके साथ कर दिया और स्वयं विभाग में लौट गए। मैं टैक्सी में विशेषज्ञ महोदय को यहाँ-वहाँ ले जाकर खरीदारी कराता रहा। लगभग चार बजे हम लोग विभाग में लौटे तो देखा कि गुरुदेव जाने की तैयारी में हैं। मैंने गुरुजी को धीरे से 'मौखिकी' की याद दिलाई। पर विशेषज्ञ ने भाँप

लिया बोले– "बेटे, हिन्दुस्तान के उद्भट विद्वान के अंतर्गत तुमने पी-एच.डी. की है। थीसिस में हर जगह इनकी विद्वत्ता की छाप दिखाई देती है। क्या लूँ तुम्हारी मौखिकी? मैं तुम्हें और तुम्हारे गुरुजी दोनों को बधाई देता हूँ।" फिर गुरुदेव से उन्होंने पूछा– "भाई साहब, टी.ए.डी.ए. का बिल फार्म तैयार है क्या?" गुरुदेव ने हँसते हुए फार्म निकाला। उनके हस्ताक्षर लिए और रकम थमा दी। फिर मुझसे बोले– "अच्छा, अब हम लोग जाएंगे। तुम्हें ढेर सारी बधाइयाँ।"

वे लोग चले गए। मैं भी अपनी छह वर्षीय साधना के इस नाटकीय परिणाम से कुछ-कुछ परेशान, कुछ-कुछ प्रसन्न उन्हें जाते हुए देखता रह गया।

नाम में क्या रखा है ?

कुछ बरसों पहले शेक्सपियर का एक नाटक पढ़ा था, जिसमें एक जगह कहा गया है– "चाहे गुलाब को किसी भी नाम से पुकारो, गुलाब गुलाब ही रहता है। नाम में क्या रखा है।" पर मुझे यह नहीं मालूम था कि शेक्सपियर इसी बहाने एक दूरगामी भविष्यवाणी कर रहे थे और वह भी हिन्दी फिल्मों को लेकर। वे अंग्रेजी के लेखक थे इसलिए हिन्दी के बारे में भविष्यवाणी कर सकते थे। हिन्दी और इंग्लिश का रिश्ता ही इस देश में कुछ ऐसा है कि अंग्रेजी का विद्वान अगर हिंदी के बारे में छींके भी तो हिंदी के शुभाशुभ का निर्णय हो जाता है। हिन्दी के श्रेष्ठ विद्वान की तुलना में अंग्रेजी के तृतीय श्रेणी के विद्वान का वक्तव्य हिन्दी के बारे में प्रामाणिक माना जाता है।

शेक्सपियर मंच के आदमी थे। नाटक का फिल्माया जाना ही किसी हद तक पिक्चर बन जाता है। मैं बात कर रहा था– शेक्सपियर की भविष्यवाणी की। उस महान भविष्यदर्शी नाटककार ने एक सीधे सादे वाक्य से सारे हिन्दी फिल्म जगत को घेर लिया है। लगता है कि उसे हिंदी फिल्मों के भविष्य का अनुमान था। उसने आगामी हिन्दी फिल्म की नस्ल पहचान ली थी याकि नसबंदी ही कर डाली थी। वह सीधा-सादा-सा वाक्य है –'नाम में क्या रखा है?'

कल एक फिल्म देखी– मुकद्दर का सिकंदर–नायक बचपन में गरीब, ठुकराया तथा चोर संबोधन से संबोधित है। बड़ा होकर वही चोरों, तस्करों को पकड़वाता है। पुलिस से प्रशंसा और पुरस्कार पाता है। साथ ही राह मिली माँ, बहन, राह मिले मित्र सभी के लिए बहुत कुछ करता है। अंत में दोस्त के लिए अपने प्रेम तक को कुर्बान कर देता है दोस्त को बिना कुछ बतलाए। आखिर

में मुँह बोली बहन का विवाह कराता है। अपनी प्रेमिका से दोस्त की शादी कराता है। नाचने वाली जोहरा के प्रेम को नकारता है। कहने का तात्पर्य यह कि एक आदर्श प्रेमी, आदर्श पुत्र, आदर्श मित्र, आदर्श भाई तथा आदर्श देशभक्त सभी खूबियों के सलमा-सितारों से फिल्म के नायक के चरित्र की कशीदाकारी की गयी है। एक फकीर ने उसे 'मुकद्दर का सिकंदर' कह दिया बस डायरेक्टर ने अन्य पात्रों से भी उसे 'मुकद्दर का सिकंदर' कहलवा दिया। मुझे याद आता है। एक अवसर पर उसकी मुँह बोली बहन उसके प्रेम-त्याग से अभिभूत होकर उसके लिए 'फरिश्ता' शब्द का प्रयोग करती है। मैं सोचता हूँ कि फिल्म का नाम 'मुकद्दर का सिकंदर' हो अथवा 'फरिश्ता' क्या फर्क पड़ता है। नाम में क्या रखा है। अगर इसका नाम 'घायल' या 'अकेला' या 'जिगरी दोस्त' या 'दोस्ती' ही हो तो भी फिल्म में क्या फर्क पड़ता था।

मैं फिल्मों के नामकरण को लेकर परेशान हूँ। अगर 'शोले' का नाम खून का बदला खून या 'अर्जुन' होता तो पब्लिक, प्रोड्यूसर अथवा डायरेक्टर का क्या बिगाड़ लेती? इसी प्रकार अगर 'हेराफेरी' के बजाय फिल्म का शीर्षक 'परवरिश' रख दिया जाता तो दिग्दर्शक को अपने दिमाग पर जोर नहीं देना पड़ता। दोनों फिल्मों में आखिर है तो वही घिसा-पिटा फार्मूला। वही अनाथ सनाथ भाई, मारधाड़, दगाबाजी, गोलियों की बौछार, सुखद अंत।

आजकल सामाजिक फिल्में जरा कम बनने लगी हैं और जो बनती हैं उनकी संस्कृति और समाज हमारी संस्कृति और जीवित समाज से कुछ अलग ही होता है। सोचता हूँ अगर 'घर-घर की कहानी' का नाम 'तीन बहू' होता या 'कहानी किस्मत की' का नाम 'याद रखेगी दुनिया' होता तो क्या अंतर पड़ता। कहानी तो वहीं घूमती है, वैसी ही घूमती है, जैसा फायनेन्सर तथा डायरेक्टर घुमाते हैं । हिन्दी फिल्म का डायरेक्टर कोल्हू का बैल होता है। जो अपनी जगह बार-बार घूमता है । और विदेशी फिल्मों के शॉट, थीम को हिन्दी में प्रस्तुत कर स्वयं को एबरोड स्पेशियालिस्ट समझ लेता है। उसे लगता है कि वह घूम रहा है पर होता यही है कि वही कहानी कुछ हेराफेरी के साथ 'कसम खून की, 'खून का सौदा' या इसी तरह के नाम से प्रस्तुत कर दी जाती है। स्काइस्क्रेपर बिल्डिंग्स, एक अदद हीरो, मित्र, नायिका, कोई रहस्य, किसी जायदाद का मामला, तस्करों

की गैंग्स, गैग्सवार, राष्ट्रविरोधी गतिविधियाँ, हीरो की गजब की फाइटिंग और अंत में गलत लोगों का सफाया। इस प्रकार स्टंट फिल्मों को सामाजिक फिल्मों के नाम पर जनता को परोसा जाता है। कहानीकार इसी प्रकार के कथ्य को घुमा फिरा कर बार-बार लिखता है। दर्शक बार-बार उसे पर्दे पर देखता है। कभी वह धर्मेन्द्र के रूप में, कभी अमिताभ की शक्ल में, कभी राजेश खन्ना या जितेन्द्र के रूप में उसे देखता है और विभोर होकर तालियाँ बजाता है।

कहानी का उद्देश्य नयी-नयी थीम, नयी-नयी परिस्थितियों-मन:स्थितियों को पेश करना होना चाहिए। राष्ट्रीय-अंतर्राष्ट्रीय समस्याओं, मानवीय जीवन में आते दुर्बलता के क्षणों का चित्रण करना होना चाहिए पर फिल्मी कथाकार इनमें से सिर्फ मेकअप को चुनता है। बगीचे, समुद्र का किनारा और खण्डहर को चुनता है। फाइट कम्पोजिंग को चुनता है। कैमरामेन कमर और उरोजों को चुनता है। होठों की नजदीकी को चुनता है। मेकअप से जैसे चेहरे बदलते हैं बस वैसे ही फिल्मों के शीर्षक बदलते हैं। तालियों की गड़गड़ाहट और सीटियों के बीच कैबरे डाँसर की कमर की लोच और टाँगों के मखमली अंदाज बदलते हैं। थिरकनें बदलती हैं। यही थिरकन बॉक्स ऑफिस की सफलता बन जाती है। मारधाड़ पहले किसी जीवन-मूल्य के लिए अथवा राष्ट्रीय अस्मिता के लिए हुआ करती थी। अब वह पारिवारिकता का मुखौटा पहन कर होती है। निर्माता तथा डायरेक्टर के लिए पारिवारिक समस्याएं मात्र रहस्य या थ्रिल का पर्याय बन कर रह गयी हैं इसलिए अगर 'डॉन' का नाम 'कर्मयोद्धा' रख दिया जाता अथवा 'गिरफ्तार' रख दिया जाता तो क्या नुकसान था। अथवा 'मेहरबान' या 'साजिश' नामकरण से भी काम चल जाता।

सोचता हूँ अगर किसी फिल्मी कहानी का शीर्षक 'चोर के घर चोर' अथवा 'एक से बढ़कर एक' होता तो उसके प्लाट अथवा प्रस्तुतीकरण में क्या तूफां आने वाला था। कभी-कभी तो फिल्मी शीर्षक की यह दुर्दशा होती है कि सारे पिक्चर में वह कहीं पल्ले ही नहीं पड़ता। कुछ समय पूर्व एक बढ़िया फिल्म बनी थी – 'अभिमान' पता नहीं कथा लेखक, दिग्दर्शक या सेन्सर बोर्ड के सदस्य 'अभिमान' का अर्थ क्या समझते हैं। पति-पत्नी के बीच आई संबंधों की दरार 'अभिमान' की विषयवस्तु है पर लेखक दिग्दर्शक ने सारी शक्ति नायक के घमंड

तथा नायिका के प्रति ईर्ष्या भाव दर्शाने में खर्च कर दी। अगर इसका नाम 'दुलहिन वही जो पिया मन भाये' अथवा 'मीरा का मोहन' हो तो उनके लिए विषयांतर नहीं, शॉर्ट कट तथा सरलता हो जाती है।

मुझे ऐसा लगता है कि शेक्सपियर के साथ भी शीर्षक को लेकर कभी कोई त्रासद दुर्घटना हुई होगी, तभी उसने लिखा होगा–'नाम में क्या रखा है?'

हिप्पी कट सफाचट

पुलिस अब तक मटकावालों के पीछे पड़ी थी। तस्करों के पीछे पड़ी थी। गुण्डों के पीछे पड़ी थी। अब वह लम्बे बालों वालों के पीछे पड़ गई है। केरल से समाचार आ रहे हैं। मध्य प्रदेश से समाचार मिल रहे हैं और अब महाराष्ट्र में भी जोरों की अफवाह है कि यहाँ भी पुलिस 'हिप्पी कट सफाचट' अभियान छेड़ने जा रही है। लगता है देश में शुचिता और अनुशासन का नया पर्व प्रारंभ हो गया है। पुलिस विभाग कभी बस की कतारें ठीक करवाता है। कभी ज़ाली राशन कार्ड पकड़ता हैं और अब वह लम्बे बालों पर कयामत बरपा रहा है।

पुलिस वालों की सोच की दाद तो देनी पड़ेगी। उनकी धारणा है कि जो लम्बे बाल रखता है वह अधिकतर व्यसनी होता है। बात है भी इतिहाससम्मत। यहाँ पहले कवियों के लम्बे बाल हुआ करते थे। शायरों के लम्बे बाल हुआ करते थे। यानी कि अगर कोई लम्बे बाल वाला मिल जाए तो या तो वह सुकेशिनी होती थी या फिर कविराज। तीसरे के लिए लम्बेवालों की गुंजाइश जरा कम ही थी। और जब तक ये कवि शायर शराब की बोतल में डूब नहीं जाते थे तब तक सुनते हैं उन्हें लिखने का मूड ही नहीं आता था। शराब और बाल का संबंध कितना जहीन था। वे जैसे-जैसे शराब पीते थे वैसे-वैसे उनके बाल लम्बे होते थे और जैसे-जैसे उनके बाल लम्बे होते थे वैसे-वैसे शराब की मात्रा बढ़ती जाती थी। और इन दोनों के अन्योन्याश्रित संबंध के कारण साहित्य का सृजन भी हो जाया करता था। फणीश्वरनाथ रेणु की गिरफ्तारी का असली रहस्य अब सजग सतर्क पाठक अवश्य समझ गए होंगे। मुझे पूरा विश्वास है कि अगर उनके बाल लम्बे नहीं होते तो पुलिस उनको पकड़ने की हिमाकत नहीं करती। लम्बे बालों ने उन्हें

फंसा दिया। अब जरूरी है कि सुमित्रानंदन पंत, इलाचंद्र जोशी तथा भैरवप्रसाद गुप्त अपने घने लम्बे बालों पर पुनर्विचार करें।

मेरा मन इतिहास के आकाश में भटक रहा है। सोच रहा है कि आखिर साहित्य सृजन के लिए शराब पीना क्या जरूरी है? पहले शायर, कवि तथा दार्शनिक बनने के लिए लम्बे बालों का होना तथा दूध पीना जरूरी था। भगवान श्रीकृष्ण ने कच्चा दूध पी-पी कर अपनी चोटी लम्बी करवा ली थी और भगवतगीता का दर्शन हमें दे गए। गोस्वामी तुलसीदासजी तो सुनते हैं जन्मे ही थे लम्बे बालों को लेकर । उन्होंने जहाँ दूध पीकर रामचरितमानस लिखा वहाँ सूर ने सूर सागर की रचना की। हाँ, मीराबाई ने अवश्य जहर का प्याला पिया था। मुझे लगता है कि जबसे दूध शराब से महंगा हो गया और जहर में मिलावट होने लगी। साहित्यकारों ने शराब पीना शुरू कर दिया। जो शराब नहीं पी सके उन्होंने पानी पी पीकर कोसना शुरू कर दिया। सरकार भी साहित्य के विकास में अपना योगदान देने में पीछे नहीं रही। उसने परमिट देकर हर गली-कूचे शराब की दूकान खुलवा दीं ताकि हर गली-मुहल्ले में कई-कई रवीन्द्रनाथ टैगोर जन्म ले सकें।

खेद है कि पुलिस वालों ने यह जाने बिना कि लम्बे बालों से कितने फायदे हैं। उसके खिलाफ जगह-जगह जेहाद छेड़ दी है। लम्बे बाल होने से आँख और कान ढंक जाते हैं। अर्थात आँख को न तो दिखाई देता है और न कान को सुनाई। आज के जमाने में जिस किसी के पास ये दो गुण हैं। मैं दावे के साथ कह सकता हूँ कि उसे कोई मानसिक बीमारी नहीं हो सकती है। मसलन, क्रिकेट खिलाड़ियों को देखें। प्राय: सभी के लम्बे बाल हैं। अत: मैदान में न तो उनका बल्ला गेंद को देख पाता है और न हाथ गेंद को रोक पाता है फलस्वरूप चाहे एक दिन का मैच हो अथवा पाँच दिन का वे बार-बार हार कर मजे से चले जाते हैं। बालों से आँख कान ढके होने के कारण न तो वे किसी की आलोचना सुन पाते हैं और न किसी से आँख मिला पाते हैं। अत: वे तरोताजा और स्वस्थ रहते हैं। उनके मानसिक रूप से अस्वस्थ होने के समाचार आज तक नहीं मिले। इसका सारा श्रेय सिर्फ लम्बे बालों को ही जाता है।

फिल्म इंडस्ट्रीज तो लम्बे बालों के उपकार के नीचे दबी जा रही है। इस

उद्योग में अगर कहीं दो व्यक्तियों में समता है तो वह है लम्बे बालों में। हीरो के बाल भी लम्बे होते हैं और विलन के भी। एक ओर लम्बे बाल जहाँ हीरो और विलन को समता धरातल पर खड़े करते हैं वहीं वे डायरेक्टर के लिए अपनी फिल्म के प्रमुख दृश्य रेप सीन के लिए सुनहरी सिचुएशन प्रदान करते हैं। नायक खड़ा है। उसकी पीठ पीछे की ओर है। आहिस्ते से नायिका आती है और उसके लम्बे बालों में उँगली फँसा देती है। नायक पलटता है। वह नायक के बजाय खलनायक निकलता है। पब्लिक चौंकती है। नायिका चीखती है। खलनायक अट्टहास कर एक अदद डायलाग फेंकता है और रेप सीन का शॉट देता है।

लम्बे बालों की गरिमा का एक उज्ज्वल पक्ष आर्थिक और मानवतावादी भी है। लम्बे बाल होने से नाई का खर्च बचता है। समय बचता है। लम्बे बाल उसके सौंदर्य को बढ़ाते हैं। उसे उदार बनाते हैं। वास्तव में जो लम्बे बालों का स्वामी है वह एक जीवित विक्टोरिया गार्डन कंधे पर लिए घूमता है। उसकी गर्दन पर कमीज पर जुएं निर्भीकता से पूर्ण सुरक्षित भाव से घूमते रहते हैं। लोग उस परम दानी जीव को हैरत भरी नजर से देखते हैं और प्रशंसा करते हैं। आज के जमाने में जबकि अपना ही खर्च चलाना मुश्किल हो जाता है तब असंख्य जुओं के खाने-पीने-रहने की समस्या हल करने वाला मनुष्य बधाई का पात्र तो है ही। सारे राष्ट्रीय पुरस्कार उसकी इस उदारता पर न्यौछावर हैं।

तेल शेम्पू और क्रीम से लहराते-गमकते केशों की महिमा कितनी अनूठी है। अब कवियों और प्रेमियों को बालों की श्यामल घटाओं के लिए प्रेयसी और नायिका का इंतजार नहीं करना पड़ता। बहारों को नहीं न्यौतना पड़ता। हर तरफ हर समय चारों ओर लम्बे बालों की भीड़ जुटी रहती है पर कभी-कभी लम्बे बाल ऐसी दुर्घटना भी कर देते हैं कि कवि को सीधे अस्पताल में पहुँचाने की नौबत आ जाती है। ट्रेन, बस अथवा रास्ते में कोई मंहक एकाएक उसके नथुने में भर जाती है। वह बड़ी हसरत भरी निगाहों से इधर-उधर देखता है। और जब किसी लवेन्डरी सुंदरी की जगह कोई लहरिल लड़का बालों को झटक कर आगे बढ़ जाता है तब कविराज की दशा दर्शनीय ही होती है। हाय-हाय धोखा कितना हृदयविदारक और यातनामय है। लम्बे बाल, तुम जितने जुल्म ढाहो सब कम ही हैं।

कुछ लोग हैं कि पुलिस के इस अभियान से प्रसन्न हैं। नाई की प्रसन्नता

का कोई पारावार नहीं है। अब वह उस्तरा लिए नाकाबंदी किए खड़ा है और हर सुकेशी से कह रहा है– "हे लम्बे बाल वालो, चाहे तुम महाराजा हो या कि मेहतर हो। हमसे बचकर नहीं जा सकते। हमें जब तक माथा नहीं झुकाओगे तुम्हारी खैर नहीं। अगले मोड़ पर पुलिस डण्डा लिए तुम्हारा इंतजार कर रही है।"

मेरा इतिहास बोध फिर जीवित हो रहा है। मैं सोचता हूँ कि उन तस्वीरों और महापुरुषों का क्या होगा जो परंपरा से लम्बे बालों के साथ चित्रित हैं। अगर अनुशासन का पर्व ऐसा ही चला तो भगवान राम और भगवान कृष्ण के बाल हमें छोटे कराने पड़ेंगे। उन परमवीर योद्धाओं का क्या होगा जो कभी गदा भांजते हैं और कभी शर संधान करते हैं । लम्बे बालों का एक अलग मिजाज होता है। तेवर होता है। एक अलग ही बाँकपन होता है। अगर लहराते-बलखाते बालों के साथ ऐसा ही सलूक किया गया तो साहित्य से पुरुष के लम्बे केशों के सौंदर्य के सभी परिदृश्य समाप्त हो जाएंगे। शौर्य के प्रतीक लम्बे बालों की जगह अगर छोटे-छोटे बाल ले लेंगे तो हर कमसिन और सुंदर लड़का तब कमसिन और सुंदर दिखने के बजाय गुरु हनुमानजी के अखाड़े का पहलवान दिखाई देगा। शायर और कवि शायर कवि कम क्लेसियल क्ले अधिक नजर आयेंगे।

मैं सोच रहा हूँ कि यह अन्याय सिर्फ लम्बे बालों के साथ ही क्यों? सरकार को चाहिए कि बेल बाटम और फाइव पीस शर्ट के पहनने पर भी वह प्रतिबंध लगवा दे क्योंकि उनमें साधारण पैंट और बुशशर्ट की अपेक्षा अधिक कपड़ा लगता है। जिस देश में आदमी को तन ढकने के लिए कपड़ा न हो वहां इस तरह के ढीले-ढाले और आवश्यकता से अधिक कपड़े पहनना भी राष्ट्रीय अपराध समझा जाना चाहिए।

अंत में एक सुझाव देना चाहता हूँ कि पुलिस युवकों के लम्बे बाल कटवाना चाहे तो अवश्य कटवाए क्योंकि आखिरकार नाई भी सामाजिक इकाई है। उसके व्यवसाय को गारंटी देना सरकार का कर्तव्य है और फिर उससे कभी पेशा-कर भी तो वसूला जा सकेगा। हाँ, अगर हो सके तो पूरा सिर मुंडवाने के बजाय उनके सर पर एक शिखा अवश्य रहने दी जाए ताकि कुचले दर्पित सर्प की भाँति आज का युवा भी शायद कभी शिखा झटक कर चाहने पर अपने आक्रोश की असहाय फूत्कार तो कर पाए!

नेता बचाओ अभियान

महाभारत में लिखा गया है कि जो महाभारत में है वह हर जगह है और जो महाभारत में नहीं है वह कहीं नहीं है। यानी इस देश के नेता जैसे नेता दुनिया में और कहीं नहीं हैं। यह देश नेताओं का प्यारा देश है और जहाँ नेताओं की पूजा होती है वहाँ देवता रमण करने के लिए बिहार चले जाते हैं।

बंधु, जो हमारा हमदर्द है हम भी उसके हमदर्द हैं। मैं इस देश का सम्मानित नागरिक हूँ क्योंकि मुझे वोट देने का हक प्राप्त है। अत: चाहे मुझे वायुयान चलाना न भी आता हो तो भी मैं कोई भी अभियान चला सकता हूँ। नेताओं के कष्ट से पीड़ित होकर आज मैं नेता बचाओ अभियान की शुरुआत करता हूँ।

आज हमारा नेता दिक्कत में है। परेशानी में है। अपने अस्तित्व के लिए जूझ रहा है। उसकी नस्ल के नष्ट हो जाने का खतरा पैदा हो गया है। आश्चर्य है जानवरों के लिए, हिंस्र पशुओं के लिए तो सरकार ने वन्य पशु रक्षा जैसे कानून बनाए हैं पर हमारे नेताओं की रक्षा के लिए किसी कानून का प्रावधान नहीं है। संविधान में बार-बार परिवर्तन करने वाले नेता अपने बारे में कितने उदासीन हैं 'नेता न को कहां कानून सों काम'। अपने लिए वे कोई सुरक्षा व्यवस्था नहीं चाहते। सचमुच हमारे नेता आत्म-त्याग और आत्मोत्सर्ग के ज्वलंत प्रमाण हैं।

मैं ऐसे आत्म बलिदानी नेताओं के भविष्य को लेकर चिंतित हूँ। सोचता हूँ कि अगर ये नेता नहीं रहे तो इस देश का क्या होगा? रात-दिन, सुबह-शाम अस्पताल, दुकान, मकान, मसान, बांध, गांधी धाम और मधुशाला आदि का अनासक्त भाव से उद्घाटन कौन करेगा? कौन खादी के चमकते कपड़ों में

चमचमाती कार से उतर कर चमचमाते दाँतों और जुड़े हुए हाथों से हमारे हारों को स्वीकार करेगा? कौन एक सांस में चर्खे और मधुशाला के लाभों से देश के भावी विकास का सुनहरा चित्र खींचेगा? मंत्रकीलित वाणी से कौन हमारा दुखहरन बनेगा? कौन कृष्ण बन अर्जुन को उपदेश देगा कि तुम्हारा कर्तव्य सिर्फ कर्म करना है। फल की आशा छोड़ दो। तुम किसी को भी प्रसाद दो वह मुझे ही मिलेगा।

अगर नेता नहीं रहे तो जुलूस-प्रदर्शनों का क्या होगा? कौन प्रदर्शन घिराव का आयोजन करेगा? कौन प्रदर्शन घिराव झेलेगा? कौन प्रदर्शन का नेतृत्व करेगा? किसके खिलाफ प्रदर्शन किया जाएगा? कितनी गहन समस्या उठ खड़ी होगी? जनता के जागरण का यह प्रजातांत्रिक प्रयास अधूरे में ही दम तोड़ देगा। प्रदर्शन और मोर्चों के न होने से पत्थरों, काँच की बोतलों, फूल मालाओं और लकड़ियों -डंडों का व्यापार ठप्प पड़ जाएगा। मंदी के इस युग में जबकि देश भयंकर आर्थिक संकट से गुजर रहा है। चार-चार व्यवसायों के मंद पड़ जाने से राष्ट्रीय प्रगति कितनी प्रभावित होगी और तो और इस बेकारी के जमाने में जुलूस मोर्चा विशेषज्ञों और किराए के आदमियों का क्या होगा? बेकारों की संख्या में कितनी अभिवृद्धि हो जाएगी। उन लोगों का क्या होगा जो झंडा नहीं सिर्फ नेता को देखते हैं जो भाषण नहीं सुनते पर सबसे अधिक तालियाँ बजाते हैं। जो सिर्फ सुविधानुसार जिंदाबाद और मुर्दाबाद की टेक दिया करते हैं।

सोचने से ही डर लगता है कि अगर नेता नहीं रहे तो इस महादेश का क्या होगा? संसद भवन की गरिमा कैसे सुरक्षित रहेगी। पौरुष के विराट प्रदर्शन हुंकारों और कसरती शरीरों के करिश्मों के अभाव में उसकी जिंदादिली मुर्दा सराय में तब्दील हो जाएगी। अगर नेता न रहे तो सचिवालय कैसे वीरान नजर आएंगे जैसे बेवा की मांग। फाइलों के ढेर से हिमालय शर्माने लगेगा। जनता के काम में देर होने लगेगी; क्योंकि फाइलों के कान नहीं होते सिर्फ हाथ होते हैं जो वजन रखने से बंद हो जाते हैं और अपना मुँह खोल देते हैं। जरा-जरा सी बात के निर्णय लेने में वर्षों लग जाएंगे। पर एक अदद नेता के होने पर काम कितनी फुर्ती से हो जाता है। दफ्तर की लाल फीताशाही कितने जल्द समाप्त हो जाती है। फाइलों के ढेर कैसे बालू की तरह ढहने लगते हैं और उसमें से पास

पोर्ट, वीसा, परमिट नेता के एक हलके से कटाक्ष से कैसे निकलने लगते हैं।

अगर नेता न रहे तो लायसेंस कांड जैसे कांड फिर कैसे चर्चा के विषय बनेंगे? इन्कम टैक्स भूल जाने पर मीठी झिड़कियाँ कौन किसे देगा। चर्चा से हमारे बैद्धिक ज्ञान में अभिवृद्धि होती है और झिड़कियों से सेहत सुधरती है और तो और नेता न रहने पर अखबार और पत्र-पत्रिकाओं को कागज के कोटे की कमी नहीं खलेगी। वे क्या छापेंगे और किसे छापेंगे? नेताओं के अभाव में न तो उन्हें बढ़िया घटनाएं मिलेंगी। न जायकेदार भाषण मिलेंगे और न सनसनीखेज खबरें ही मिलेंगी। मुस्कुराती हुई तस्वीरों का तो प्रश्न ही नहीं है । कदाचित पत्र और अखबार बंद ही हो जाएं क्योंकि आदमी अखबार नहीं कौतूहल खरीदता है।

गाँव चौपालों की दशा तो और भी विचारणीय हो जाएगी। उनके पुराने दिन और पुरानी रामायण लौट आएगी। हर शाम चौपालों पर आजकल नेताओं को लेकर जो गर्मागर्म बहसें चलती हैं उठा पटक होती हैं उन पर कीर्तनियों का कब्जा हो जाएगा। एक गुजरी बीती परंपरा का पुनर्जन्म होना इतिहास की गति से कितना पिछड़ जाना है। मेरा कवि हृदय पनघट को लेकर भी चिंतित है। पनघट पर गोरियां फिर गाँव पधारे नेता के संबंध में नहीं बतिया पाएंगी। अपने सैयां के नेता होने के लिए व्रत उपवास नहीं करेंगी। अगर नेता नहीं रहे तो गोरियों को फिर किसी स्थानीय बांके की तलाश करनी पड़ेगी। शहर की सुंदरियाँ भी घर बार छोड़ सारा सयानापन भूल कैसे किसी नेता के यहाँ प्रकट हो पाएँगी।

साहित्य को भी फिर करवट बदलनी पड़ेगी। लैला-मजनूं, शीरीं - फरहाद के किस्से कहानियाँ जो नेताओं के आए दिनों के ताजे किस्सों के सामने बुरी तरह फीके पड़ गये थे वे फिर जोर पकड़ने लगेंगे। जिन्हें सुन-सुन कर हर गली-मुहल्ले गाँव-शहर में नए लैला, मजनुंओं, शीरीं-फरहादों की बाढ़ आ जाएगी। राष्ट्रीय नैतिकता के ह्रास का खतरा पैदा हो जाएगा। नयी पीढ़ी गुमराह हो जाएगी। भटक जाएगी। अत: राष्ट्रीय चरित्र और नैतिकता की रक्षा के लिए भी नेताओं की आवश्यकता से इंकार नहीं किया जा सकता। ऐसे अनुकरणीय नेताओं को समाप्त करने के लिए कोशिशें जारी हैं। भगवान, नेताभजकों को सद्बुद्धि दे। नेताओं की रक्षा में ही राष्ट्र की रक्षा निहित है। मेरा मन नेताओं के कर्म की ऊँचाइयों पर उड़ रहा है क्योंकि हमारे नेता प्राय: हवा में उड़ते हैं और हमेशा दूर की कौड़ी लाते हैं। अगर हमारे नेता हवाई जहाज में न उड़ें तो प्लेन सर्विस

के गौरव को कितना आघात पहुँचेगा? परिचारिकाओं की सुंदर रंग-बिरंगी साड़ियाँ, सधी मुस्कानें कितनी फीकी हो जाएँगी। चालक को तो हवाई जहाज उड़ाने में कोई आनंद ही नहीं आएगा। नेता प्रेरणा की प्रतिमूर्ति है। उसकी मुस्कुराहट से परमिट झरता है। नौकरी झरती है। कुर्सी झरती है। ट्रांसफर बचता है और उसकी नाराजगी से परमिट जाता है। नौकरी जाती है। ट्रांसफर आता है। आंसुका आता है। मीसा आता है। अध्यादेश आता है।

अगर नेता न रहे तो विदेशों की आर्थिक स्थिति कितनी डांवाडोल हो उठेगी। उनका मुद्रा संकट कौन दूर करेगा। अगर हमारे नेता बार-बार अकारण सकारण सद्भाववश बार-बार विदेश न जाएँ तो उन देशों को भरपूर विदेशी मुद्रा कैसे मिलेगी? वहाँ की बैंकों को मोटे ग्राहक कहाँ से मिलेंगे? हमारे देश की संस्कृति और समस्याओं का विदेशों में प्रचार कैसे होगा? नेता अगर विदेशों का आर्थिक स्तंभ है तो हमारे देश की संस्कृति का प्रतिनिधि है।

नेताओं के कारण ही हमारा सौन्दर्य बोध देह की सूक्ष्मताओं तक पहुँचा है। अगर नेता न हों तो सौन्दर्य की रानी और रूपसी किशोरी प्रतियोगिता पर कितना गंभीर असर पड़ेगा। नेताओं ने इंची टेप से हमारे जीवन में सौन्दर्य के महत्व को नापा है। यही कारण है कि अगर नेता न होता तो वह एक महान साहित्यकार अवश्य होता। अगर वह मूल रूप से साहित्यकार न होता तो भला अकादमियों के पुरस्कारों को निर्णीत कराने में अपनी विनम्र प्रत्यक्ष अथवा परोक्ष ठोस राय कैसे देता? मित्र साहित्यकारों को अनुदान कैसे दिलवाता ? उन्हें अकादमियों के सदस्य कैसे बनाता।

वास्तव में नेता आल राउन्डर होता है। वह अभियोग में भी है और आयोग में भी है। वह पक्ष में भी है और विपक्ष में भी है। वह हिन्दी में भी है और अंग्रेजी में भी है। वह कृषि मंत्रालय में भी है और रक्षा में भी । वह पेट्रोलियम में भी है और शिक्षा में भी है। वह सभी योग्यताओं से ऊपर विराजता है।

यही सब सोच समझ कर मैं 'नेता बचाओ अभियान' शुरू करने जा रहा हूँ। अगर नेताओं की नस्ल नष्ट हो गयी तो देश नष्ट हो जाएगा और तो और मेरी वह मधुर कल्पना भी नष्ट हो जाएगी जिसमें मेरे पारिवारिक अलबम में मेरी बगल में मेरी पत्नी की जगह एक नेता खड़े हुए हैं और तनिक लजाते हुए मुझे भारत रत्न का अलंकार प्रदान कर रहे हैं।

शोक सभाओं में

आजकल सभाओं से थक गया हूँ। जिसको देखो एक अदद सभा लिये चला आता है। चुनाव सभा, गरीबी हटाओ सभा। महँगाई के खिलाफ सभा, स्वच्छता के लिए सभा। लोकल गाड़ियों में भीड़ कम कराने के लिए सभा। किसी को मक्खन लगाने के लिए सभा। किसी के अभिनंदन के लिए सभा। किसी को महान सिद्ध करने के लिए सभा। किसी साहित्यकार की मिट्टी खराब करने के लिए सभा। किसी की निंदा करने के लिए सभा। महिलाओं का भी सभा-संयोजन पीछे नहीं है। दहेज प्रथा के खिलाफ सभा। वधुओं को जला देने पर सभा। महिलाओं द्वारा बड़े पैमाने पर की जा रही आत्महत्याओं पर सभा। प्रीति-मिलन के नाम पर सभा। कहने का मतलब देश की सारी समस्याएं काल और गति दोनों, सभाओं के इई-गिर्द भटक रही हैं। चक्कर लगा रही हैं। लगता है देश का वर्तमान और भविष्य इन सभाओं पर ही टिका है। अगर सभाएं न हुईं तो देश गर्क हो जाएगा। पर हर आदमी के जीवन में एक बिन्दु ऐसा भी आता है जब आदमी प्यार की जगह नफरत, नफरत की जगह प्यार, योग की जगह भोग, भोग की जगह योग, भीड़ के बजाय एकांत और एकांत के स्थान पर भीड़ पसंद करने लगता है। मेरा मन भी उस संपृक्त बिन्दु तक पहुँच गया है। कथित घोषित सभाओं की भीतरी गंदगी से मुझे ऊब आने लगी है। और एक दिन मैंने तय कर लिया कि अब से किसी सभा में नहीं जाऊँगा। जब पत्नी को यह निर्णय सुनाया तो वह नाराज हो गयी, बोली– ''कैसे हो तुम । अगर तुम सभाओं में नहीं जाओगे तो सभाओं का श्रृंगार कैसे होगा? इतने बड़े आदमी हो, सामाजिक स्टेटस है आखिर इसका ख्याल कीजिए।'' पत्नी का मुझे सभोन्मुख करने के पीछे रहस्य

है। सभाओं के बहाने उन्हें एक तो अपनी लेटेस्ट डिजाइन की साड़ियों और प्रसाधनों के प्रदर्शन का अवसर मिल जाता है। दूसरा यह कि लोग मेरे बारे में कहते-कहते उनके संबंध में कह देते हैं कि इन्हीं के कारण आज मैं इस गौरवमयी स्थिति तक पहुँचा हूँ। इनकी महानता के मूल में इनकी पत्नी का सक्रिय सहयोग है।

खैर, जब पत्नी ने काफी जिद की तब हमने यह तय किया कि जाना भी होगा तो सिर्फ शोक सभाओं में जाएँगे। उसमें आदमी किसी स्वार्थवश नहीं बोलता। दिवंगत के प्रति अभद्र शब्दों का प्रयोग नहीं करता। किसी तरह की बुराई नहीं करता। कोई पैंतरेबाजी नहीं करता क्योंकि दिवंगत से उसका कोई स्वार्थ नहीं सधता।

हम शोक सभाओं की अच्छाइयों पर विचार कर रहे थे कि इस नये संकल्प को कार्यान्वित करने का अवसर आ गया। हुआ यह कि हमारे कॉलेज के एक वयोवृद्ध प्रोफेसर भगवान को प्यारे हो गए। भगवान का प्यार किसे मिलता है? इसके लिए कठोर साधना, तपस्या और त्याग करना पड़ता है पर उन पर भगवान का अनुग्रह देखो कि वे बैठे-बैठे भगवान को प्यारे हो गए। शूली ऊपर पिय की सेज थी और तकदीर मीराबाई से तेज थी कि उनका पिया से मिलन बिना किसी परेशानी के हो गया।

उनके लिए शोक सभा का आयोजन किया गया था। कक्षाएँ स्थगित कर दी गयी थीं। कॉलेज की कैन्टीन भी बंद कर दी गयी थी। वातावरण में अपेक्षित गंभीरता थी। विद्यार्थी भी काफी संख्या में उपस्थित थे क्योंकि बगल की टॉकीज में अगला 'शो' दो घंटे बाद था। छात्रों का एक बड़ा वर्ग इसी खाली समय को काटने के लिए वहाँ उपस्थित था। सभा शुरू हुई। सभी वक्ताओं ने उनकी तारीफ की। जिनने जिंदगी भर एक-दूसरे का चेहरा तक नहीं देखना चाहा था वे भी उन्हें अपना अभिन्न मित्र बतला रहे थे। सचमुच, मरे हुए आदमी के संबंध में बोलना निरापद होता है क्योंकि मृतक किसी बात में हस्तक्षेप अथवा संशोधन करने नहीं आता। अखबार में भूल-सुधार नहीं छपवानी पड़ती। दिवंगत के बारे में जिसने जो कहा वह लास्ट एवं फाइनल होता है। अंत में प्रिंसिपल महोदय ने स्वर्गीय प्रोफेसर की उदारता, महानता, कॉलेज के कार्यों के प्रति निजी

दिलचस्पी, कर्तव्यपरायणता, विद्यार्थियों के बीच उनकी लोकप्रियता पर एक लम्बा भाषण दिया। मैं चकित था कि दिवंगत की इतनी-इतनी महानताओं विशेषताओं से परिचित होने पर भी प्रिंसिपल साहब ने न उन्हें कभी बढ़िया ग्रेड दिया और तो और एक या दो इंक्रीमेंट भी कभी नहीं दिए। उनके द्वारा की गयी तारीफ से मैं भीतर ही भीतर डर गया था कि कहीं ऐसा न हो कि मृतक की उदारता के नाम पर कॉलेज उनका प्रोविडेन्ट फंड ही डकार जाए। भाषण समाप्त करते-करते उन्होंने कहा कि निकट भविष्य में इनके स्थान की पूर्ति होना संभव नहीं है।

मिश्रीलाल जी विशेष रूप से इस सभा में सम्मिलित हुए थे। प्रिंसिपल के भाषण का अंतिम वाक्य सुनकर उनका मुँह उतर गया। वे बहुत उदास दिखाई देने लगे। वे कुछ फुसफुसाए। मैं समझ नहीं पाया। अन्य सभाओं में लोग दहाड़ते-गुर्राते हैं या तलवे चाटते नजर आते हैं पर शोक सभाओं में आप अधिक से अधिक केवल फुसफुसा सकते हैं। मिश्रीलाल जी उदास थे। मुझे लगा कि स्वर्गीय की याद उन्हें परेशान कर रही है। उन्हें ढाढस बँधाने के लिए मैंने उनसे कहा- ''मिश्रीलाल जी इतने उदास और परेशान क्यों हैं? वे अपनी आयु को जीकर रुखसत हुए हैं। फिर, मृत्यु पर किसका वश चलता है? दुखी होकर भी आप उन्हें फिर नहीं लौटा सकते। आपको परेशान देखकर उनकी आत्मा को दु:ख ही होगा।'' वे बीच में ही बोल उठे - ''नहीं, नहीं, यह बात नहीं है पर तुमने सुना नहीं, प्रिंसिपल क्या कह रहे थे?'' मैंने दिमाग पर बहुत जोर डाला। स्मृति को कुरेदा कि प्रिंसिपल साहब ने भाषण में मृतक के प्रति ऐसी कौन-सी बात कह दी जिसने मिश्रीलाल जी को परेशान कर रखा है। पर, मुझे कुछ याद नहीं आया। आखिर मैंने हार कर पूछा- ''उन्होंने कुछ विशेष बात तो नहीं कही।'' वे बोले- ''नहीं भाई, तुम्हारा ध्यान कहीं और होगा। उन्होंने साफ-साफ शब्दों में कहा था कि उनके स्थान की पूर्ति होना निकट भविष्य में संभव नहीं है।'' कुछ रुक कर फिर बोले- ''मैं सोच रहा था कि शोकसभा के बाद प्रिंसिपल से मिल कर दिवंगत प्रोफेसर के स्थान पर अपने बेटे की नियुक्ति करवा दूँगा। पर क्या कहें। उन्होंने तो सभा में ही स्पष्टत: कह दिया कि निकट भविष्य में उनके स्थान की पूर्ति संभव नहीं है। मैं तो समय निकाल कर शोक सभा में इसी उद्देश्य

से आया था। व्यर्थ में मेरा इतना समय गया।'' मैं चुप रहा और सोचने लगा कि शोक सभा से भी लोग किस तरह अशोक होना चाहते हैं। मेरा मन बुझने लगा था पर यह पहली चोट थी। मेरा विश्वास तो हिल गया था पर जड़ से नहीं उखड़ा था।

कुछ दिनों बाद फिर मुझे एक शोक सभा में शामिल होना पड़ा। इस बार मैंने मन को बहुत मजबूत कर लिया था और तय कर लिया था कि वहाँ किसी आदमी से बातचीत नहीं ही करूँगा। भारत के एक विख्यात लेखक के असामयिक निधन पर शोक सभा हो रही थी। उनके मित्रों ने स्वर्गीय रचनाकार को अप्रतिम बतलाया। किसी ने कहा कि उनकी प्रत्येक रचना नोबल पुरस्कार की हकदार है। किसी ने विश्व के श्रेष्ठ साहित्यकारों की कतार में स्वर्गीय साहित्यकार को खड़ा कर दिया। यह देश बड़ा कतारप्रिय लगता है। राशन चाहिए तो कतार। बस-ट्रेन में सफर करना हो तो कतार और अब किसी को श्रेष्ठ सिद्ध करना है तो उसे भी कतार में खड़ा करो। सारा देश मुझे कतार का एलर्जिक पेशेन्ट मालूम होता है। शोक सभा के अंत में लेखक के एकमात्र प्रकाशक भाषण देने खड़े हुए। व्यापारी लहजे में उन्होंने कहना शुरू किया- ''मैं अपनी ओर से, अपने प्रकाशन की ओर से ही नहीं, बल्कि उनके असंख्य पाठकों की ओर से उन्हें श्रद्धांजलि अर्पित करता हूँ।'' शोक सभा समाप्त हुई।

मन प्रसन्न था कि इस सभा में कहीं किसी तरह के स्वार्थ या कि टुच्चेपन के दर्शन नहीं हुए। रास्ते पर आया तो देखा कि स्वर्गीय साहित्यकार के कुछ मित्र प्रकाशक को घेरे हुए थे और धमकी दे रहे थे- ''आपको शर्म नहीं आती। सारी जिन्दगी उसे रायल्टी का गलत हिसाब भिजवाते रहे और शोषण करते रहे। हिसाब में 1100 प्रतियाँ छापीं, ऐसा दिखलाते रहे। अगर तुम्हारा आंकड़ा सच है तो उसके असंख्य पाठक कैसे हुए? इसका सीधा-सादा सा मतलब यह है कि आपने कई हजार प्रतियाँ छापीं पर हिसाब सिर्फ ग्यारह सौ प्रतियों का ही दिया। हम आप पर धोखाधड़ी का केस दायर करेंगे। हमारे पास टेप रिकॉर्डेड साक्षी है। ढेर सारे गवाह भी हैं। हम आपके प्रकाशन का बहिष्कार करेंगे। गरीब लेखक के शोषण का हम पब्लिकली विरोध करेंगे।'' प्रकाशक चुपचाप सब सुनता रहा। जब सब बोल चुके तो उसने शांति से कहा- ''मुझे भी कुछ अर्ज करना है।''

फिर आगे बोला– ''वह तो मैंने कहने के लिए कह दिया था। वरना सच बात तो यह है कि उनकी कोई मार्केट ही नहीं थी। हमें जबर्दस्ती सरकारी अनुदान प्राप्त शिक्षण-संस्थाओं, पुस्तकालयों को बहुत अधिक कमीशन देकर उनकी पुस्तकें बेचनी पड़ती थीं। अब आपसे क्या छिपाना।'' उसकी बात सुनकर प्रायः लेखकों के चेहरों पर प्रसन्नता का भाव आ गया। लगा जैसे उनमें कोई नया विश्वास आ गया हो। उनमें से एक बोला– ''तो ऐसी बात है। यही हम सोच रहे थे कि आखिर उसकी इतनी पुस्तकें बिक कैसे जाती हैं जबकि हमें अपनी कितनी ही पुस्तकें उपहार स्वरूप मुफ्त में देनी पड़ती हैं। पर तिस पर उनकी बिक्री नहीं बढ़ पाती। समाचार पत्रों में, आकाशवाणी तथा दूरदर्शन पर 'रिव्यू' की व्यवस्था भी बिक्री नहीं बढ़ा पाती।''

मैं अब तक खड़ा-खड़ा सुन रहा था। मन ही मन कुछ गुन रहा था। मुझे लग रहा था कि मुझसे निर्णय लेने में कहीं कोई गलती हो गयी है। सचमुच, अब कोई सभा जाने लायक नहीं रही। मैं तय कर लेता हूँ कि अब चाहे कुछ भी हो जाए मैं अब किसी शोक सभा में भी नहीं जाऊँगा। पर यकायक मेरी छठी इन्द्रिय काम करने लगी। उसने सावधान किया कि मियाँ अगर तुम दूसरों की शोक सभाओं में नहीं जाओगे तो फिर तुम्हारी शोक सभा का क्या होगा?

किसी प्राध्यापक का मोहब्बतनामा

कहाँ से शुरू करूँ? कोई सिरा नजर नहीं आता। कोई लेक्चर थोड़ी ही देना है कि बस भूमिका बाँधी और तोते की तरह रंटती विद्या का चमत्कार दिखला दो। यह दास्ताने मुहब्बत है। दिमाग से नहीं दिल से गुजरते हादसे का बयान है। गालिब क्या कह गए, बस मुसीबत में डाल गए।

"इश्क को दिल में जगह दे गालिब,
इल्म से शायरी नहीं आती।"

इल्मी प्राध्यापक को इश्क से परहेज करना चाहिए। मुहब्बत का क्षेत्र प्राध्यापकों के लिए सर्वथा वर्जित है। नादान प्राध्यापक इस प्रतिबंधित क्षेत्र में प्रवेश कर सिर्फ तिरस्कार, उपेक्षा और अपमान सहता है, पर साहित्य के प्राध्यापक के खून में मुहब्बत के कीटाणु न हों, यह असंभव जैसी बात है ठीक वैसी ही जैसे उसका अध्यापन। मान लीजिए अगर उसे कोई शिष्य न मिले तो वह बेमौत ही मर जाए। कालिदास के यक्ष से बड़ा समझदार प्राध्यापक प्रेमी कौन होगा? जो हाड़-मांस के विद्यार्थियों को नहीं, उड़ते हुए मनचले बादलों को अपना शिष्य बनाकर उसे भूगोल-इतिहास का ज्ञान देकर बाहरी दुनिया का अनुभव कराने सैर पर भेज देता है और लगे हाथ समझदारी से अपनी यक्षिणी को संदेशा भी भिजवा देता है। अध्यापन के माध्यम से प्रेम-व्यथा का यह नायाब तरीका सचमुच ही प्राध्यापक की मौलिक प्रतिभा का चमत्कारिक करिश्मा ही है। वास्तव में अध्यापन की अत्याधुनिक पद्धति का प्रवर्तक यक्ष को ही माना जाना चाहिए। उसने प्रेम किया चाहे वह अपनी ही, नई नवेली पत्नी से ही किया हो, परंतु नई नवेली के प्रेम में वह ऐसा अस्त-व्यस्त हुआ कि इन्द्र ने उसका

ट्रांसफर अमरावती से छोटा नागपुर कर दिया। सचमुच प्रेम करने की भारी कीमत चुकानी पड़ती है। मुहब्बत के वर्जित क्षेत्र में प्रवेश करने वाले प्राध्यापकों को यक्ष-प्रेम से नसीहत लेनी चाहिए। पर जो प्राध्यापक प्रेमी और समझदार दोनों होते हैं वे बहुत दिनों तक लुकाछिपी का खेल नहीं खेलते। चयन का मौका पाते ही वे अध्यापन कार्य को तिलांजलि दे देते हैं और शत-प्रतिशत प्रेमी बन जाते हैं। अगर ऐसा नहीं होता तो बच्चन से लेकर धर्मवीर भारती तक इलाहाबाद की यूनिवर्सिटी के गलियारों और कक्षाओं में उलझे रह सिर्फ अपनी जिन्दगी बर्बाद करते रहते। पर वे वाकई समझदार थे। होनहार थे। अनुभव की प्रामाणिकता के लिए उन्होंने प्रेम किया। भोगे हुए यथार्थ को लिखा और अवसर पाते ही मास्टरी के चंगुल से निकल भागे। उनके साहस को बधाई देने का मन हो रहा है। प्रेम करने के लिए साहस की बहुत जरूरत होती है। 'पृथ्वीराज रासो' में पृथ्वीराज की बहादुरी दुश्मनों को हराने के बजाय संयोगिता को ले भागने में थी। मगर प्राध्यापकों के साहस का किस्सा यह है कि अगर वह किसी को डार्लिंग कहना चाहे तो घबड़ाहट में, पसीने से तरबतर सूखे कंठ से सारी शक्ति लगाने के बावजूद वह हकला कर डार्लिंग की जगह बोल देगा-दार्जिलिंग। इसी प्रकार बेगम की जगह उसके मुखश्री से शब्द निकल जाएगा -मैडम।

प्रोफेसरों में साहस की कमी को लेकर जब रिसर्च की गयी तो पता चला कि प्राध्यापक दो मारक बीमारियों से पीड़ित रहता है। उसकी पहली बीमारी है-इज्जत। वह अपनी इज्जत से बहुत डरता है। लोग क्या कहेंगे? सोच-सोच कर उसका साहस उसे प्रेम के खुले क्षेत्र में प्रवेश नहीं करने देता। लगता है कबीरदास ने इसी वर्ग के लिए विशेष रूप से लिखा था-"दास कबीर जतन से ओढ़ी, ज्यों की त्यों धर दीनी चदरिया।" इज्जत का भय लगातार उसे मर्यादा पुरुषोत्तम बनाए रखता है। स्वाभिमान उसका दूसरा असाध्य रोग है। गुरु होने का बड़प्पन उसे किसी के सामने झुकने नहीं देता और प्यार तो सदा समर्पण और समझौता चाहता है। इन दो रोगों के अलावा प्रध्यापक को एक और बड़ा खतरा अपने विद्यार्थियों का होता है। मान लीजिए वह अपनी प्रेमिका के बालों को कहीं बगीचे के एकांत में सहला रहा है। या हाथ में हाथ डाल सड़कों पर भटक रहा है। या किसी रेस्त्रां में प्रिया के पाँवों को अपने पाँवों से हलके-हलके दबा रहा है। अथवा पिक्चर

हाउस के अंधेरे में किसी शरारत में मशगूल है। ऐसे रोमैन्टिक समय पता नहीं कहाँ से 'नमस्कार सर' का स्वर आपकी प्यार की मूर्च्छना को भंग कर देता है और प्राध्यापक देखता है उसके सामने खड़ा है–कोई विद्यार्थी हाथ जोड़े। सचमुच विद्यार्थी ईश्वर की तरह सर्वव्यापी होता है । वह कहीं भी प्रकट हो जाता है। मेरी मान्यता तो यह है कि वह ईश्वर से भी बड़ा होता है क्योंकि भगवान के सर्वव्यापी होने पर भी वह मंदिर के बाहर किसी गार्डन या पिक्चर हाउस में नहीं मिलता। पर विद्यार्थी कहीं भी कभी भी मिल सकता है।

धन्य पाश्चात्य सभ्यता और संस्कृति। मानवीय मूल्यों के प्रति उनकी आस्था को प्रणाम है। वे जहाँ पशु-पक्षियों का ख्याल रखते हैं, वहाँ इश्क के मारों का भी पक्का बंदोबस्त रखते हैं। सुनते हैं वहाँ हाइड पार्क होते हैं। तात्पर्य यह कि खुले मैदानों में आप एक छाता भर तान दीजिए और फिर दीन दुनिया से निश्चिंत होकर छाता तले अपनी प्रेमिका से सेन्सर्ड अनसेंसर्ड प्रेमालाप कीजिए। वहाँ न किसी के आने का खतरा है और न किसी प्रभु के अवतरण का अंदेशा। किसी छाते के नीचे रहने में कितना फायदा है। चाहे वह प्रेमी प्रेमिका का छाता हो, चाहे आणविक छाता हो अथवा व्यापारिक छाता ही क्यों न हो। हमारी सरकार को भी छाते की महत्ता समझनी चाहिए।

साहित्य के प्राध्यापकों की नस्ल में एक मूलभूत कमजोरी पाई जाती है। वह जीने को जीता है आधुनिक युग में पर उसका बोध होता है काव्यशास्त्रीय। वह काव्यशास्त्र पढ़ता-पढ़ाता है। नायिका-भेद पढ़ता-पढ़ाता है। प्रेम के शास्त्रीय भेद-प्रभेदों को समझता समझाता है और काव्यशास्त्रानुसार ही प्रेम करता है। अगर उसे सौभाग्यवश एक अदद प्रेयसीनुमा प्रेयसी मिल गयी तो वह सारी रात तारे गिनता है। करवटें बदलता है। प्रेयसी की याद करता हुआ दीर्घ उच्छवास लेता है। दूसरी ओर उसकी तथाकथित प्रेयसी सुबह दस बजे अंगड़ाइयाँ लेती हुई उठती है। 'बेड टी' लेती है। 'ब्रेक फास्ट' करती है। फिर दोपहर का लंच लेती है और फिर शाम बिताने के लिए प्राध्यापक के पास पहुँचती है। प्राध्यापक अतीव प्रसन्न हो जाता है। मिलने के विह्वल पलों में आकुल-व्याकुल होने लगता है। चाय पीते-पिलाते वह प्रिया का मन टटोलने के लिए पूछता है-"रात में नींद तो ठीक-ठीक आती है।" सहज भाव से वह जवाब

देती है – "हाँ, क्यों? फिर आगे कहती है–"लगता है आपको ठीक से नींद नहीं आती। यह अच्छी बात नहीं है। आपको किसी अच्छे डॉक्टर को दिखलाना चाहिए।" प्राध्यापक महोदय का चेहरा उतर जाता है। अब वह उसके साथ रीतिकालीन बोध की ओर उन्मुख होना चाहता है। वह अपने हाथों में उसका हाथ लेना चाहता है पर वह भीतर ही भीतर डर रहा है कि कहीं ऐसा न हो कि हाथ देने के बजाय वह झटक कर अपना हाथ ही छुड़ा ले। वह धीरे से उससे थोड़ा-सा दूर बैठ जाता है। उसे आत्मज्ञान हो जाता है कि प्रेम-प्रसंग में वह सिर्फ चाय पी और पिला सकता है बस।

इसमें शक की गुंजाइश नहीं है कि हिन्दी साहित्य का तेजी से विकास हुआ है। लज्जा, यौन, शील आदि नैतिक मूल्यों में काफी बदलाव आ गया है। परंतु खेद की बात है कि हमारा प्राध्यापक अभी भी प्रेम के क्षेत्र में छायावादी अशरीरी प्रेम से आगे नहीं बढ़ पाया है। वह विरह में प्रेयसी का स्मरण करता है और मिलन के क्षणों में एक दूरी रख प्रिया के संग गीत गाता है। उसे इस स्थिति से आगे बढ़ कर क्या करना चाहिए। जानकर भी वह नहीं जानता। बस, जो वह नहीं कर पाता, उसे वह कविता में लिख देता है। यही कारण है कि प्रायः साहित्य के प्राध्यापकों के भीतर एक कवि की संभावना दिखाई देती है।

रिकार्डिंग की एक शाम

धीरे-धीरे लोग आ रहे थे। कुछ नए ढंग का कुर्ता-पायजामा पहने थे। कुछ सफारी में थे। कुछ सूट डाटे थे। कुछ धोती के एक छोर को कुर्ते की जेब में डाले चप्पल पहने हुए थे । चारखाने के बुश्शर्ट पहने, बालों को आड़ा-टेढ़ा बनाए कुछ हीरोछाप लोग भी थे। कुछ संभ्रांत क़िस्म की महिलाएँ भी थीं। कुछ फ्रॉक पहने, कुछ सलवार कुर्ती, कुछ साड़ी पहने। झुक-झुक कर एक दूसरे को नमस्कार करना अथवा दायें हाथ को उठा कर आदाब अर्ज करना जारी था। आदाब अर्ज और अदा अर्ज का समा बँधा था।

उस हॉल के एक कमरे में कुछ माइक लगे थे। कुछ बक्सा-डेक। टाइप मशीनें रखी थीं। कहीं सितार, कहीं तबला, कहीं ढोलकियाँ, कहीं हार्मोनियम, कहीं पश्चिमी वाद्ययंत्र रखे हुए थे। सारे वातावरण में एक अजीब-सी उन्मुक्तता, तनाव और जिज्ञासा का भाव दिखाई दे रहा था। किसी प्रसिद्ध गायक की रिकार्डिंग थी। मैं अपने एक गीतकार दोस्त के आग्रह पर वहाँ आया था। इतने में कुछ लोग बोले-आ गए, आ गए। पता चला कि गायक महोदय आ गए हैं। समय से सिर्फ डेढ़ घंटे लेट। फिर भी म्यूजिक डायरेक्टर खुश था। फाइनेन्सर भी प्रसन्न था कि सिर्फ डेढ़ घंटे ही लेट आया पर आज की तारीख में तो आया है। मैं कल्पना कर रहा था कि अभी कोई सचिन देव बर्मन की तरह दुबला-पतला आदमी धोती-कुर्ता पहने, सुनहरी फ्रेम का चश्मा चढ़ाए आएगा अथवा किसी ढंग विशेष से झूमता गुनगुनाता अस्त-व्यस्त सा कोई गायक आएगा। पर मैंने देखा कि उसके हाथ में तबला, सितार के बजाय कार की चाबी थी और वह उसे तेज़ी से घुमा रहा था। वह कॉफलेदर का शू पहने, सिल्क की बढ़िया कीमती कमीज और पैंट पहने हुए था। सिर से पाँव तक वह कहीं से भी गायक

नहीं लग रहा था बल्कि नवधनाढ्य वर्ग का आदमी लग रहा था जो बतौर फैशन गज़ल सुनने आया हो।

उसके आते ही लोग खड़े हो गए। उसने अंग्रेजी अदा से सबसे 'हाय' कहते हुए बायें हाथ की एक उँगली उठा सभी के अभिवादन का प्रत्युत्तर दिया। सब अपनी जगहों पर बैठ गए। फिर उसने इधर-उधर देखा। दो-चार लोगों को देखकर वह मुस्कुराया। कुछ का नमस्कार झेला। जिनको देखकर वह मुस्कुराया वे गद्गद थे। वे सभा में बड़ी शान से दूसरों की ओर देख रहे थे, जैसे बतला रहे हों कि गायक नहीं गायक साहब हमारे कितने करीब हैं। जिन्हें नमस्कार का उत्तर दिया था। उनका हाल भी इनके जैसा ही था। फिर एकाएक गायक को कुछ याद आया। उसने लोगों की ओर देखा। फिर उसने एक के कंधे पर हाथ रखकर पूछा-अब्दुलभाई, जमालभाई, युसुफ शेख नहीं आए। रामरतनजी, श्यामजी आदि भी नहीं दिखते। जिसके कंधे पर हाथ रखा था वह अभी भी हाथ के तिलस्म से मुक्त नहीं हुआ। उसने कहा-बस, आते ही होंगे। इतने में लिफ्ट से कुछ लोग और आए। गायक के चेहरे पर प्रसन्नता छा गई। बोले-आओ, आओ, अब्दुलभाई, जमालभाई, श्याम भाई, यार तुम लोग इतना लेट आओगे तो कैसे काम चलेगा। तुम लोग नहीं दिखाई देते हो तो मेरा रिकार्डिंग का सारा मूड ही चला जाता है। अब्दुल वगैरह कोई जवाब दें उसके पहले ही गवैये ने उन्हें बैठा दिया।

सभी दर्शक बेचैनी से इधर-उधर देख रहे थे। जैसे किसी का बेतहाशा इंतजार है। इतने में देखा कि दो-तीन आदमी शराब की बोतलें लिए चले आ रहे हैं। गर शराब का दौर न हो तो रिकार्डिंग कैसे हो सकती थी। स्वर सुनकर न झूमे तो सुरा से ही झूमें। मुफ्त की शराब पीकर ही लोग दाद दें। बहरहाल शराब का दौर पर दौर चल रहा था। इतने में गायक स्टूडियो में गया और वहाँ से उसने घोषणा की कि रिकार्डिंग शुरू हो रही है, कृपया आप लोग अब शराब पीना अथवा आपस में बातचीत करना बंद करें। कीप टोटल सायलेंस, फिर स्टूडियो से बाहर आकर उसने अब्दुल, जमाल और श्याम को इशारा किया और समझाया कि जब मैं दो उँगलियाँ दिखाऊँ तभी तुम लोग वाह-वाह करना और वन्स मोर कहना। बीच में मत बोलना, नहीं तो पिछली बार की तरह गड़बड़ी

हो जाएगी। अब्दुल बगैरह ने समझ गये के भाव से सिर हिला दिया। फिर गायक ने मुड़कर बैठे हुए दूसरों लोगों से कहा कि जब ये वाह-वाह करें तभी आप लोग भी वाह-वाह करें या फिर चुपचाप बैठे रहें पर बीच में न बोलें। नहीं तो रिकार्डिंग गड़बड़ा जाएगी। मैं सोचने लगा कि यह गायक क्या अपनी मर्जी से ही अपने तयशुदा शेरों के बाद ही बधाइयाँ स्वीकार करता है अथवा अन्य लोगों की भावनाओं का भी उसे ध्यान है। पता नहीं कब किस श्रोता को कौन-सी पंक्ति पसंद आ जाए और वह दाद देना चाहे पर वह उसे नहीं दे पाएगा क्योंकि गायक का ऐसा ही निर्देश है। फिर गज़ल सुनने का तुक ही क्या! शराब के दो पेगों की कीमत इतनी अधिक चुकानी पड़ती है। यह सोचकर ही में हैरान था पर मेरी हैरानी उस समय और बढ़ गयी जब मैंने देखा कि सभी ने सिर हिलाकर गायक का सुझाव आदेश स्वीकार कर लिया था। मुझे उनकी नपुंसकता और साहित्य के प्रति इस गैर-ज़िम्मेदाराना हरकत पर बड़ा गुस्सा आ रहा था।

मैंने एक से पूछा क्यों ज़रा-सी शराब मिली और दिल-दिमाग गिरवी रख दिया। उसने मेरी ओर देखा फिर बोला – "ऐ भाई, जरा फिर से बोलो, हमको समझ नहीं पड़ा।" मैंने उसे फिर समझाया कि गज़ल में वहीं दाद देनी चाहिए जहाँ उसकी कोई पंक्ति, आपको अपील करे यह नहीं कि गायक के इशारे पर दाद पर दाद दिए चले जाएं । उसने धीरे से आँख मारते हुए कहा– "साहब, तुम नया आया मालूम पड़ता है ओ मेरे कू गज़ल भजन कुछ समझता नहीं और अपने को समझने का भी नहीं है पर बम्बई में ऐसी बढ़िया जगह में शाम जाम के सा 'पास' हो जाए तो चुप रहने में अपने बाप का क्या जाता है।" मैं सोचने लगा कि व्यावहारिकता के इस युग में हम जैसे भावुक आदमियों का क्या काम है।

इतने में फिर स्टूडियो से आवाज़ आई। सॉयलेन्स साउन्ड, कैमरा, एक्शन। और फिर धीरे-धीरे उस गायक की गज़ल सुनाई देने लगी। दो पंक्तियाँ अभी पूरी नहीं हुई थीं कि स्टूडियों के काँच में से दो उँगलियों का इशारा हुआ और अब्दुल भाई एण्ड कम्पनी ने वाह-वाह करना शुरू कर दिया। उनकी देखा-देखी औरों ने भी वाह-वाह करना शुरू कर दिया। मैं समझ नहीं पा रहा था कि गायी जा रही पंक्तियों में वाह-वाह करने जैसी कौन-सी बात थी पर मेरे दोस्त ने कुहनी

मारी और मैं भी वाह-वाह करने लगा । फिर चार पंक्तियों के बाद इशारा हुआ और फिर वही वाह-वाह का दौर। एक दो बार बीच में सीटियाँ बजीं। वाह पापे! वाह डार्लिंग! जैसे शब्द सुनाई दिए। इतने में मैंने देखा कि कमेंटरी हिन्दी के बजाय अंग्रेजी में होने लगी। गायक भी अंग्रेजी में कुछ बोल रहा है। उसके रुकते ही अब्दुल एण्ड पार्टी ने अंग्रेजी में फरमाइशें शुरू कर दीं। गायक फिर गाने लगा। अंग्रेजी में थोड़ा-बहुत अर्थ भी बताने लगा। वाह-वाह, सीटियाँ, हाय, मार डाला जैसे शब्दों के बीच गज़ल गायन समाप्त हुआ।

मुझे रिकार्डिंग को लेकर कुछ शक था। मैं शीघ्रता से वहाँ बढ़ा। मैंने देखाकि न तो कोई गानेवाला था और न ही कोई बजानेवाला। बल्कि गज़ल के बीच-बीच में पैबंद की तरह वाह-वाह, मार डाला जैसे शब्दों को जड़ा गया था। गायक महोदय ने पहले से ही कैसेट में बीच-बीच में इतना गैप रखा था कि वहाँ प्रशंसात्मक शब्दों को भरा जा सके गैप को देखते ही उसका इशारा चलता था।

इतने में मैंने देखा कि परम संतोष के साथ गायक बाहर आकर खड़ा हो गया है। एक-दो चमचे उसके साथ हैं। एक ने कहा- "आज आपने बहुत अच्छा गाया।" मैंने देखा कि गायक मंद-मंद मुस्करा रहा है। इतने में उसका फाइनेंसर आ गया। बोला, भाई आज तो गज़ब कर दिया । आज की रिकार्डिंग तो पब्लिक शो ही लगती है और फिर अंग्रेजी कमेंटरी से फॉरेन कन्सर्ट का सा मज़ा आ गया। पब्लिक शो और कन्सर्ट के नाम पर कैसेट खूब बिकेगा। फिर उसने गायक से ज़ोरों से हाथ मिलाया और हंसते हुए कहा-"भाई जान, रॉयल्टी के लिए खाली थैली लेकर ही आना।" फाइनेन्सर ने फिर आवाज़ दी-अरे भाई, जरा फिर से एक दौर हो जाए। फिर सभी को शराब पिलायी जाने लगी। सभी झूमने लगे। गायक फिर स्टूडियो के भीतर चला गया। शायद दूसरे पब्लिक शो और विदेशी कन्सर्ट की तैयारी करने ।

मैंने पी-एच.डी. कराई

उसने मेरे अंतर्गत पी-एच.डी. के लिए पंजीकरण कराया था। मुझसे जब वह पहली बार मिला था तब मैं उसकी बातचीत से काफी प्रभावित हुआ था। अत: पूर्व परिचय न होने पर भी मैंने उसे रजिस्टर्ड करने की गलती कर दी थी।

उस दिन वह सुबह-सुबह ही फाइल लेकर घर पर हाजिर हो गया था। मुझे पता था जब तक मैं इस फाइल को पूरा-पूरा नहीं देख लूँगा, वह यहाँ से हटेगा नहीं। असलियत तो यह है कि मैं इस चिपकू नामक प्राणी से परेशान हो चला था। चिपकने को उसकी विशेषता नम्बर एक कहा जा सकता है। एक बार वह जिससे चिपक जाए उसकी हालत बस खराब समझिए। फिर जरूरी नहीं कि उसे चिपकने के लिए कोई व्यक्ति विशेष ही चाहिए। वर्ग-वर्ण विशेष ही चाहिए। उसे कोई भी चलता था। पढ़ा-अनपढ़, खिलाड़ी-साहित्यकार, इंजीनियर-डॉक्टर किसी भी व्यवसाय पेशे का कोई भी आदमी उसे चलता था। वह तो लड़कियों से भी चिपकने की कोशिश करता था। यह अलग बात है कि वे इस चिपकू जीव को कभी घास नहीं डालती थीं। कभी-कभी मैं उसकी इस चिपको कला से प्रभावित होकर सोचा करता था कि इसे 'पेड़ चिपको' आंदोलन में भिजवा दूँ। यह अच्छा नेता सिद्ध हो सकता है।

उसकी दूसरी विशेषता थी-बोलना। बोलने में उसे महारत हासिल थी। बात में से बात और बाल की खाल निकालने में उसका कोई सानी रखता होगा, मुझे संदेह है। उसकी तीसरी विशेषता थी कि वह अच्छा लिक्खाड़ था। जब वह लिखना शुरू करता था तो अच्छे-अच्छे लिक्खाड़ों को पीछे छोड़ देता था। उसके लिखने की अपनी एक विशिष्ट शैली थी। वह लिखते समय अपनी पूरी देह का इस्तेमाल करता था। लिखते समय उसके दोनों पाँव बड़ी तेजी से चलते रहते। वह मुँह से जोर-जोर से बोलता रहता और उसी को लिखते रहता। लिखते समय

उसकी गर्दन एक विशेष अंदाज में धीरे-धीरे हिलती रहती। उसका चश्मा धीरे-धीरे आँखों के बजाए नाक तक खिंचा चला आता पर क्या मजाल कि उसका लिखना रुके, कि पाँव का चलना रुके कि उसके मुँह से शब्दों का प्रवाह रुके कि चश्मा ठीक रहे। हाँ, इस सारी प्रक्रिया में अगर वह किसी को रियायत देता था तो वह उसका मस्तिष्क था। वह लेखन कार्य में मस्तिष्क को कष्ट देना ठीक नहीं समझता था। उसका मूल मंत्र था-

कलम को घिसता चल लल्लू,
दिमाग से थीसिस लिखी नहीं जाती।

मुझे उसके इस मूल मंत्र का पता कुछ देर से चला जब चिड़िया खेत चुग चुकी थी। मैं उसे रजिस्टर्ड कर चुका था।

बहरहाल, मैंने उसकी फाइल उलटनी शुरू की। शोध-प्रबंध का शीर्षक एक कवि के व्यक्तित्व और कृतित्व को लेकर था। पृष्ठ पलटा तो वह खाली था। दूसरा पृष्ठ उलटा तो वह भी खाली था। मुझे लगा कि किसी सुंदरता, सुविधा योजना के अंतर्गत इसने दो पृष्ठों को खाली छोड़ दिया है। परन्तु देखा तो तीसरा, चौथा पृष्ठ भीं खाली था। मेरी कुछ समझ में नहीं आया। हाँ, आगे के पृष्ठों में कहीं किसी पृष्ठ पर दस पंक्तियाँ लिखी थीं, कहीं पन्द्रह, कहीं पांच ही। मैं उसके लेखन के इस गोरख धंधे को नहीं समझ पा रहा था। आखिर मैंने उसे पहले अध्याय को बतलाकर पूछा इसमें कवि के व्यक्तित्व एवं कृतियों पर तुमने कहीं कुछ नहीं लिखा। वह बोला गुरुजी मैं आपकी परेशानी समझ रहा हूँ कि यह कैसा लेखन है कि बीच-बीच में बहुत कम लिखा गया है और बाकी पृष्ठ के पृष्ठ छोड़ दिये गये हैं। पर मैं क्या करूँ गुरुजी। आपने कहा था कि दुहराव न हो, जो कुछ भी लिखो मौलिक लिखना ताकि शोध-प्रबन्ध में कुछ नवीनता आये। कुछ रुक कर वह बोला, गुरुजी मैंने कई शोध-प्रबंध तथा इतर पुस्तकें पढ़ीं परंतु समझ में नहीं आता कि मौलिक क्या लिखूं। अपना आलोच्य कवि धोती बाँधता था, अन्य कवि भी धोती पहनते थे। अपना कवि कभी-कभी पैंट पहनता था। दूसरे कवि भी कभी-कभी पैंट पहनते थे। क्या नया लिखें। अपना कवि गाँव में पैदा हुआ, गरीबी में बड़ा हुआ। अन्य कवि भी गाँव में पैदा हुए। वे भी गरीबी में बड़े हुए। सभी के माता-पिता धार्मिक वृत्ति के थे ? अब आप ही बतलाइए कि इसमें क्या मौलिक है। अतः मैंने जन्म तारीख, सन् एवं कद-काठी के अंतर को नोट कर लिया है। अपना कवि दुबला-पतला था और उसके कई समकालीन कवि हट्ठे-कट्ठे पहलवान टाइप। यही अंतर लिखने योग्य लगा।

अब परिस्थिति एवं परिवेश को ही ले लीजिए। सभी कवियों पर तत्कालीन राजनीतिक, आर्थिक, सामाजिक परिस्थितियों का प्रभाव प्रायः एक जैसा दिखता है। बस उन्नीस-बीस का फर्क है। कोई सत्ता के साथ है कोई उसके विरुद्ध है। कोई सामाजिक सुधारों में दिलचस्पी लेता है, कोई सुधारों को पसंद नहीं करता। ऐसा कवि भी रूढ़िवादी होता है। देश की आर्थिक स्थिति उस समय भी वैसी ही खराब थी जैसी आज है। पहले अंग्रेज 'धन विदेश' ले जाते थे अब अपने लोग ही धन को स्विस बैंक में जमा करा आते हैं।

फिर रुक कर वह दूसरे अध्याय पर बोलने लगा–मैंने गुरुजी अपने समीक्ष्य कवि की भाव-भूमि को देखा और अन्य कवियों की संवेदना भूमि को। सभी में गुरुजी वही बातें हैं, वही प्रेम, कहीं-कहीं अध्यात्म, वही सौन्दर्य, कहीं-कहीं नारी सुधार, कहीं राष्ट्रीयता, कहीं व्यंग्य, कहीं हास्य। कहने का तात्पर्य यह कि भाव-भूमि में भी नवीनता के दर्शन नहीं होते। जो थोड़ी बहुत मौलिकता मुझे दिखाई दी, वही मैंने अपने अध्याय में लिख दी है। अगले अध्याय में मैंने कवि की वैचारिक पृष्ठभूमि को समकालीन रचनाधर्मिता के संदर्भ में देखना चाहा, समझना चाहा। सच कहूँ गुरुजी वहाँ भी मुझे अँधेरा ही अँधेरा मिला। ऐसा लगता है कि हिन्दी में आधुनिक युग में कोई शुद्ध विचारक हुआ ही नहीं। सब बिना रीढ़ की हड्डी के पंडित लगते हैं। उनके पास न तो अपना कोई मौलिक विशिष्ट दर्शन है और न वे किसी अन्य के दर्शन या विचार को पूरा-पूरा पचा पाए हैं। सभी के सभी वर्ण-संकर हैं। सभी के अपने-अपने वर्ग हैं और अपने-अपने वर्ण हैं। वर्गहीनता की दुहाई देने वाले भी वर्गबद्ध हैं और वर्णहीनता का उद्घोष करने वाले भी किसी सतनामी चादर की छाया में बैठे हैं। मजे की बात यह है कि चाहे वह किसी भी दर्शन, वाद या विचार का साहित्यकार हो, अंततोगत्वा जब ईमानदारी पर उतर आता है तो वह भी प्रेम श्रृंगार की गलियों-कलियों में ही भटकने लगता है। राष्ट्रीयता आजकल टेम्परेरी चीज हो गयी है और राजनीति हमारे जीवन को चलाने वाली शक्ति बन गयी है। आज अध्यात्म विभिन्न नाथों एवं स्वामियों के आश्रमों में पीठ एवं पर्यंकों पर वास करने लगा है। और सौन्दर्य देशी-विदेशी सौन्दर्य प्रसाधनों की भेंट चढ़ गया है। महानगर का संत्रास अब भौंथरेपन तक उतर आया है और ऊँची इमारतों ने प्रकृति से हमें काट डाला है। आज दक्षिणपंथी राजनेता अगर दक्षिण के साथ हैं तो वामपंथी को वामा के साथ

देखा जा सकता है। गांधीवाद को आज बादी हो गयी है, रहस्यवादी अब विरोधवादी हो गये हैं।

कुल मिलाकर बहरहाल स्थिति यह है कि गुरुजी मैं आप की आज्ञा एवं निर्देश का पालन नहीं कर सका। जो थोड़ी बहुत मौलिकता मुझे मिली, उसे ही मैंने इन खाली पृष्ठों के बीच कहीं-कहीं लिख दिया है। इतना कह कर वह चुप हो गया। मैं भी चुप था और हिन्दी शोध की वर्तमान स्थिति के इस बेबाक पर निर्दोष मूल्यांकन से परिचित मैं गहरी निराशा और उदासी में डूब गया था। बहुत सोचने पर भी मुझे नहीं लग रहा था कि विषय एवं अभिगम की दृष्टि से कोई ऐसा विषय बचा हो जिस पर शोध कार्य कराया जा सके। हिन्दी के राजभाषा बनते ही उत्तर से लेकर दक्षिण तक और पूर्व से लेकर पश्चिम तक सभी जगह हिन्दी में तेजी से शोध कार्य हो रहा है। ऐसे शोध कार्य में शॉर्ट-कट का ध्यान रखना कोई भूलता नहीं है। एकाएक मैं अपने चिंता-चिंतन से मुक्त हो गया और मैंने उससे कहा कि ऐसा करो तुम किसी पाण्डुलिपि के पाठानुसंधान अथवा साहित्य के इतिहास का पुनर्लेखन अथवा भाषा विज्ञान अथवा आंतर अनुशासनात्मक किसी विषय को, किसी समस्या को लेकर बढ़िया-सा मौलिक शोध-प्रबंध लिखो। मैंने देखा मेरे इतने कहते ही उसकी आँखों में एक अजीब सी दयनीय उत्सुकता आ गयी । जैसे इन विषयों के बारे में वह कुछ जानता ही न हो। उसके चेहरे पर एक अजीब-सा पीलापन छाने लगा। उसकी मुखरता मौन में परिवर्तित होने लगी। कुछ क्षण वह चुप रहा फिर बोला–गुरुजी आज तो आपने तबियत प्रसन्न कर दी। हिन्दी के शोध के विराट क्षेत्र का मुझे ज्ञान हो गया। अभी भी बहुत कुछ मौलिक लिखने की गुंजाइश है। फिर एकाएक घड़ी देखकर बोला – ओ दस बज गए। गुरुजी अभी मुझे कहीं जाना है। मैं जल्दी ही किसी विषय की रूपरेखा बनाकर आपकी सेवा में उपस्थित हो जाऊँगा। मैंने भी कहा–हाँ, हाँ जरूर। उसने जल्दी से फाइल उठाई, मुझे नमस्कार किया और चला गया। मैं अच्छी तरह जानता हूँ कि वह अब वापस नहीं आने वाला है क्योंकि उसे मैंने शॉर्ट कट की बजाय लांग रूट बतला दिया है। मैं प्रसन्न था कि चिपकूराम से मुझे छुटकारा मिल गया है परंतु शॉर्ट कट के इस जमाने में मुझे क्या सचमुच लांग रूट का शोधार्थी मिलेगा? यह एक ज्वलंत प्रश्न है। शोध का विषय है।

पी-एच.डी. : एक शोकांतिका

वह हाथ जोड़े खड़ा था। मैं कुर्सी पर बैठा अखबार पढ़ रहा था। किसी से बातचीत करने का मूड नहीं था। इसलिए अखबार पढ़ नहीं रहा था, उसे चाट रहा था और कनखियों से देखता जा रहा था कि वह अपने हाथों को नीचे कर ले मगर गजब का पुरुषार्थी था असली मेड इन इंडिया था। वह हाथ जोड़े था और जोड़े ही रहा। वह जानता था कि अगर हाथ जुड़े रहे तभी गुरुजी की कृपा दृष्टि पड़ेगी और अगर हाथ नीचे कर दिए तो हो सकता है उसे देख ही न पाएँ। वह छह फुट का इंसान था पर अपने सारे अस्तित्व को वह उन दो जुड़े हुए हाथों में समेटे था। विराट का वामन रूप कैसा रहा होगा, उसका साक्षात नमूना मेरे सामने था परंतु फिर भी मैंने अखबार से अपनी दृष्टि नहीं हटाई। वह जानता था कि प्रभु के सम्मुख हाथ जोड़ने और उनकी कृपा होने पर ही पंगु गिरि लाँघ सकता है और अंधे को सब कुछ दिखाई पड़ सकता है। वह अब भी वैसे ही खड़ा था। हाथ जोड़े खड़ा था। उसकी इस कृच्छ साधना पर प्रसन्न हुए बिना कोई रास्ता नहीं था, क्योंकि अखबार पढ़कर थक गया था और चाय के लिए बेचैनी हो रही थी। अतः भगवान प्रसन्न भए की मुद्रा में मैंने आँखें उसकी ओर कीं और पूछा–अरे तुम कब आए? विनीत विनम्र शिष्य ने मर्यादा का पालन करते हुए कहा कि गुरुजी बस अभी-अभी आए हैं। इतना कहते-कहते उसने हाथों को नमस्कार की मुद्रा से मुक्त कर मेरे चरण-कमलों को पकड़ लिया। मैंने ना-ना कहा फिर कहा बैठो और कुर्सी पर बैठा दिया। पूछा–कैसे आना हुआ? बोला बस गुरुजी, यहाँ से कहीं जा रहे थे बहुत दिनों से आपके दर्शन नहीं हुए थे, अतः दर्शनार्थ चला आया। मैं समझ रहा था कि सब झूठ बोल रहा है परंतु जब

वह मेरे दर्शनार्थ, आकर मुझे महान बना रहा हो तो झूठ सह लेने का सौदा महंगा नहीं था।

मैंने भी नहले पर दहला फेंकते हुए कहा–बड़ा अच्छा किया। अपने प्रिय विद्यार्थियों से मिलकर मुझे बड़ी प्रसन्नता होती है। विद्यार्थी ही तो अध्यापक की सच्ची संपत्ति हैं। लगा कि इन वाक्यों से वह गद्‌गद हो गया है और कुछ बोलना चाहता है परंतु कुछ सोच कर चुप रह गया । मैंने कहा–चाय मंगवाता हूँ। वह कहने लगा अभी ही तो पीकर चला हूँ। गुरुजी बस अपने लिए मँगवा लीजिए। सच बात तो यही है कि मैं स्वयं ही चाय पीना चाहता था परंतु सौजन्यतावश मैंने उससे पूछ लिया था। मैं एक सैकन्ड चुप रहा कि वह बोल उठा–गुरुजी हमारे ना कहने पर आप नाराज हो गए माफी चाहता हूँ। हम भी चाय पी लेंगे। वास्तव में नाराजगी का कारण अब था पर क्या करता। चाय पीते-पीते बोला, गुरुजी, यहाँ पास में एक स्कूल में नौकरी लग गयी है सोचता हूँ, आपके चरणों में बैठने का सौभाग्य कुछ समय के लिए और मिल जाए । मैं समझ रहा था कि यह लड़का पी-एच.डी. करना चाह रहा है। और सीट के लिए उसकी यह विनीत मुद्रा है। मैंने पूछा–क्या चाहते हो? उसने बड़े ही धीरे से कहा–गुरुजी पी–एच.डी. वगैरह हो जाए तो किसी कॉलेज में मौका मिल जाए। स्कूल में बच्चों को पढ़ाते-पढ़ाते थक गया हूँ। मैंने पूछा–बी.ए., एम. ए. में कौन क्लास था? वह हड़बड़ा गया और बोला गुरुजी बी.ए., एम.ए. में बी.ए., एम.ए. क्लास ही था। मैंने पूछा हमारा मतलब है –फर्स्ट क्लास, सेकन्ड क्लास, कौन क्लास, कौन-सी श्रेणी? वह बोला –गुरुजी समझने में मिसटेक हो गयी। दोनों में बराबर हमारा सैकंड क्लास रहा है। मैंने आगे बात बढ़ाई–किस विषय पर काम करना पसंद करोगे? गुरुजी जो विषय आप दे दें। उसी पर काम कर लेंगे। हमें तो काम करना है मेहनत से काम करना है। ऐसा लगा जैसे कोई आदमी दूसरे से थक कर कहता हो–भाई जो देना हो दे दो। मैं झगड़ा नहीं करना चाहता। मैंने फिर कुरेदा–अरे भाई पी-एच.डी. करना है तो कुछ तो सोचा होगा। किसी विषय पर विचार किया होगा। उसने कहा–नहीं गुरुजी बिल्कुल नहीं सोचा। सोचने की फुर्सत ही कहाँ मिलती है। स्कूल में बच्चों के माँ-बाप बहुत पीछे पड़े रहते हैं सो स्कूल के समय को छोड़कर सुबह सात बजे से ग्यारह बजे तक ट्यूशन पढ़ाते

हैं। शाम को भी दो ट्यूशन हो जाते हैं । मैंने जानना चाहा कि जब इतनी मेहनत करते हो तो आराम कब करते हो। उसने हो-हो करते हुए बहुत धीरे से कहा- गुरुजी स्कूल में समय मिल जाता है। बच्चों से कह देते हैं पाठ याद करो और उतने समय में एकाध झपकी ले लेते हैं या कमर सीधी कर लेते हैं। फिर हम अपने प्वाइंट पर आ गये। मान लो मैं तुम्हें रजिस्टर्ड कर भी लूँ तो बतलाओ कि पी-एच.डी करने के लिए तुम्हारे पास समय कहाँ है? पी-एच.डी. में तो बहुत मेहनत करना पड़ती है। घंटों लायब्रेरी में बैठना पड़ता है। पत्रिकाएँ, पुस्तकें पढ़नी पड़ती है। विद्वानों-रचनाकारों से मिलना-जुलना पड़ता हैं। नोट्स बनाने पड़ते हैं। कभी-कभी तो दूसरे शहरों तक जाना पड़ता है। बताओ ऐसे में तुम रिसर्च कैसे कर पाओगे?

उसने बड़ी ही विनम्रता से कहा-आप तो गुरुजी बस कोई विषय दे दीजिए। बाकी हम सब सँभाल लेंगे। मैंने पूछा पर भाई कैसे सँभाल लोगे? समय का क्या करोगे? यह तो बहुत बड़ी साधना है, तपस्या है। उसने कहा गुरुजी हम आपकी बात समझ रहे हैं। ऐसा नहीं है कि हम यह नहीं जानते पर बस गुरुजी आप अपना आशीर्वाद दे दीजिए और कोई एक सरल-सा विषय दे दीजिए। हम तो थीसिस दो साल के भीतर पूरी कर लेंगे। उसके आत्मविश्वास और कहने के अंदाज से मैं चौंका। मुझे लगा कि यह लड़का सीधा-सादा, दृढ़निश्चयी लड़का है। हो सकता है शायद यह सब ट्यूशन वगैरह छोड़ दे। स्कूल से भी साल दो साल की छुट्टी का भी किसी तरह प्रबंध कर ले। मैं उस पर उसकी दृढ़ता पर प्रसन्न हो रहा था। मेरा मन उसे रजिस्टर करने का होने लगा। ऐसे साधक तपे -सधे विद्यार्थी आजकल मिलते कहाँ हैं। जो शोध के लिए सब कुछ दाँव पर लगा दें। मैं उसके लिए विषय सोचने लगा पर पता नहीं किस इन्ट्यूशन के कारण मैंने सहानुभूतिपूर्वक ही सही उससे पूछ दिया कि भाई हम तो तुम्हारे कायल हो गए हैं। तुम्हारा दृढ़ निश्चय दूसरे शोध विद्यार्थियों के लिए आदर्श है। पर यह बतलाओ कि थीसिस लिखने के लिए क्या अपने सभी ट्यूशन छोड़ दोगे और स्कूल से छुट्टी ले लोगे? हो सकता है कि दो साल की बजाय इस कार्य में तीन या चार साल भी लग जाएं। सोच लो, तुम्हारा कितना आर्थिक नुकसान होगा। मेरी बात सुनकर एक सैकन्ड को वह हतप्रभ रह गया। फिर बोला- गुरुजी

नुकसान? कैसा नुकसान? किसने कहा कि मैं ट्यूशन छोड़ दूँगा कि स्कूल से छुट्टी ले लूँगा? अब मेरी चौंकने की बारी थी। मैंने कहा अगर तुम ट्यूशन नहीं छोड़ोगे, नौकरी से छुट्टी नहीं लोगे तो पी-एच.डी. का कार्य कैसे करोगे? उसने बड़ी शांति से कहा– गुरुजी ऐसा है कि मैं दीवाली, बड़े दिन की छुट्टियों और गर्मी की छुट्टियों में जितना हो सकेगा उतना कार्य करूँगा और बाकी सारा काम वह रमेश त्रिपाठी है ना? गुरुजी हमसे दो साल सीनियर रहा। हमारे ही गाँव का है, बड़ा ही मेधावी प्रतिभाशाली छात्र रहा है परंतु अभी तक उसे कोई ठीक काम नहीं मिला है उसकी आर्थिक स्थिति खराब है। मुझे लगा कि उसके लिए अवश्य कुछ करना चाहिए और तभी पी-एच.डी. का ख्याल आया। मैंने सोचा कि अगर मैं पी-एच.डी. करूँ तो इसे भी आर्थिक सहायता हो जाएगी। इसके मन का काम भी इसे मिल जाएगा और इसी बहाने मेरी पी-एच.डी. भी पूरी हो जाएगी। बस गुरुजी, इसी भावना से प्रेरित होकर मैं आपके पास आया हूँ। आशा है आप मुझे सहयोग अवश्य देंगे। बेचारे की शादी हो गयी है। दो बच्चे हैं। किसी तरह गृहस्थी की गाड़ी खींच पाता है। उसे पढ़ने-लिखने में बहुत दिलचस्पी है। वह जरूर मन लगाकर इस काम को करेगा। उसे भी इस काम के मेहनताना के रूप में दो पैसे मिल जाएंगे तो उसकी गृहस्थी की गाड़ी भी ठीक चलने लगेगी और मेरी भी पी-एच.डी. हो जाएगी। मैं भी स्कूल से निकल कर कहीं किसी कॉलेज में पहुँच जाऊँगा तो जिन्दगी बन जाएगी। दया के सहयोग के नाम पर विद्या-ज्ञान के शोषण का यह सूक्ष्म तरीका देखकर मैं हैरान रह गया। कप में ठंडी होती जा रही चाय को भूल गया। मुझे गुस्सा आ गया था। मेरा मन हुआ कि उससे कहूँ कि–सुनो, तुम्हारी योजना बहुत अच्छी है। तुम्हारी परोपकार की भावना की भी मैं कद्र करता हूँ परंतु स्कूल से निकल कर कॉलेज में जब कभी तुम पहुँचो तब पहुँचना पर इस समय तो तुम पहले मेरे कमरे से निकल जाओ और आइंदा कभी अपनी शक्ल मत दिखाना। पर मैं उससे सिर्फ इतना कहता हूँ कि भाई, फिर कभी आना, इस समय तो कोई सीट खाली नहीं है। मैं जानता हूँ कि यह विद्यार्थी यहां से निराश होकर डॉ. वर्मा के यहाँ अवश्य ही जाएगा। डॉ. वर्मा ऐसे पुण्य-कर्मों में कभी पीछे नहीं रहे हैं और हाँ, अगर ऐसा पुण्य का काम करते हुए उनकी झोली में भी कुछ आ जाए तो बेहिचक उसे स्वीकार करने में उन्हें कभी कोई इंकार नहीं रहा है।

पास हो जाने का दर्द

आखिर वही हुआ जिसका डर था। पर होनी को कौन टाल सकता है। मनुष्य यत्न भर कर सकता है। पर सारे प्रयत्नों के बाद भी वही हुआ जिससे मैं लगातार डरता रहा था। माँ पेड़े बाँट रही है मगर कोई मेरी पीड़ा नहीं बाँट रहा। मैं परीक्षा में उत्तीर्ण क्या हो गया माँ-बाप को जैसे कोई अक्षय निधि मिल गयी है। सभी प्रसन्न हैं। बधाइयों का ताँता लगा है। पर मेरा मन बुरी तरह डूब रहा है। पता नहीं कैसे लोग हैं, पास हो जाने पर खुश होते हैं। वास्तव में पास हो जाना उस वर्षगाँठ की तरह है जो बतलाती है कि तेरी कॉलेज की हसीन जिन्दगी का एक वर्ष और कम हो गया। मगर लोगबाग होते हैं कि गुब्बारे सजाते हैं, मोमबत्तियाँ बुझाते हैं और केक काट कर 'बर्थ डे' को 'हैप्पी' कह-कह कर गाते हैं। उस खुशी में वे यह भूल जाते हैं कि अभी-अभी उन्होंने अपनी जिन्दगी का एक सुहाना साल और कम कर लिया है। बस यही दशा है पास हो जाने वालों की। वे खुश होते हैं। पार्टी करते हैं। पास हो जाने का संदेश घर-घर पहुँचाते हैं, उनकी अक्ल पर दया और शर्म दोनों आती हैं। वे बेचारे समझ नहीं पाते कि पास होकर उन्होंने अपना कितना बड़ा नुकसान कर लिया है। अपने पाँवों पर आप कुल्हाड़ी मार ली है।

कल तक कॉलेज कैंटीन में मजे से बैठते थे। चाय और सिगरेट के दौर चलते थे। न कोई रोकने वाला था और न कोई टोकने वाला। कहकहों और ठहाकों का मौसम गुलजार रहता था। शहर में आयी हर नयी फिल्म के पहले शो का उद्घाटन कर उसके चलने न चलने की शर्तें बदी जाती थीं। वह रंगरेली और मस्ती, वे पिकनिक और वे सैर-सपाटे अब कहाँ रह पायेंगे। वे दिन अब

कहाँ लौट कर आयेंगे। सांस्कृतिक कार्यक्रम होना है। नाटक का रिहर्सल चल रहा है और वहीं नीम अंधेरे में किसी दूसरे नाटक का रिहर्सल चला करता था। अब किस कोने में बैठ कर रिहर्सल कर पाओगे। कैंटीन की चाय और सिगरेट बादशाही ठाट से पी पाओगे। उधार तो बंधु पिता की साख के कारण बाहर भी मिल जायेगा। पर उस समय आँखें कुछ झुकी हुई होंगी। सिर पर लज्जा का बोझ होगा । गये, मित्र गये। मस्ती के वे दिन अब हमेशा-हमेशा के लिए चले गये।

पहले घर के हर काम-काज से मुक्ति थी। कोई कहने-सुनने वाला नहीं था। कॉलेज की पढ़ाई क्या सरल होती है। घर में दामाद की तरह रहता था। हर काम के लिए सुपर हिट बहाना था कॉलेज जाना है समय-समय पर घर से बाहर गायब रहने के लिए रामबाण बहाना था। एक्स्ट्रा लेक्चर है। अब क्या करोगे। भैया, पास हो जाना सचमुच लड़की का मायके से ससुराल जाना जैसा है। चार दिन की सबकी चहेती दुलहिन और फिर जिन्दगी भर के लिए बेदाम की गुलाम।

अब तक हुस्न-इश्क की शायरी करते रहे। प्रेम पत्र लिखते रहे अब मियाँ दौड़-दौड़ कर अप्लीकेशन करेक्ट करवाओ। अखबार में मोर्निंग शो की जगह 'नौकरी खाली है' के विज्ञापन ढूँढ़ो। टायपिस्ट अथवा तीन सौ रुपल्ली की क्लर्की के लिए दुनिया भर में प्रार्थना पत्र भेजो। सिफारिश का जुगाड़ करो और दूसरी ओर घर के सारे काम करो। दूध ले आओ, सब्जी ले आओ, छोटे भाई-बहनों को पढ़ाओ, फटा राशन कार्ड बदलवाओ। यानी घर के सारे काम सिर्फ इसलिये रुके हुए थे कि हम पढ़ रहे थे। और जिस पर जब तक सुनो कि दिन भर बेकार बैठे-बैठे क्या करते हो।

अगर पिताजी व्यापारी हैं तो समझो कि पूरी छुट्टी हो गयी। वो बढ़िया पैंट और बुश्शर्ट जिसे पहन कर दावा करते थे कि जहाँ से गुजरते थे वहाँ की सारी लड़कियाँ मर-मर मिटती थीं। लड़कियाँ तो ठीक, लड़के तक एक बार चलते-चलते ठिठक कर खड़े हो जाया करते थे। अब आप उसे पहन कर पान की दूकान की शोभा बढ़ाइये। पान में चूना, कत्था तथा जर्दा डालिये। और तब आपकी रंगराती सूरत पर लड़कियों की जगह मक्खी तथा मच्छर न भिनभिनायें तो मेरा सिर कत्ल कर लीजिए। अगर दूध मिठाई की दूकान है तो अपने सफारी को दूध

और मिठाई की मिली-जुली गंध से महकाइए। यदि कपड़े की दूकान है तो जिस गज भर छाती में आपकी हसीन जवानी उछाल मारती थी अब उसे विनम्रता के ढांचे में ढाल कर कपड़े काटिये। कोयले वाले हैं तो दिन भर काजल की कोठरी का सुख लूटिये। अगर दवाइयों की दूकान है तो फिर अल्लाह ही मालिक है। कहाँ वह सुबह से शाम तक कॉलेज का उन्मुक्त जमघट। जहाँ अच्छों के इलाज की योजना बनती थी और मौके-बेमौके इलाज किये जाते थे। अब यहाँ दूकान पर बैठ कर डॉक्टर के प्रिस्क्रीप्शन को समझ-समझ कर दवाइयाँ पैक कीजिए। जिन्दगी की वह अल्हड़ पतंग जो मस्ती के परवान चढ़ने के लिए मचलती थी। पास हो जाने पर इस तरह अवघट घाट लगेगी, यह किसे मालूम था।

वे हड़तालों के जोशीले नारे, चुनावों के नये-नये अंदाज और प्रोफेसरों तथा अप्सराओं से अपने-अपने ढंग की छेड़-छाड़ अब कहाँ मिलेगी। और लोग हैं कि पेड़े बाँट रहे हैं। जश्न मना रहे हैं। बधाइयाँ गा रहे हैं।

अब वह लायब्रेरी कहां मिलेगी। जिसमें पढ़ाई के अलावा हम बहुत कुछ करते थे। किताबों के बजाय एक दूसरे का चेहरा पढ़ना-मौका साध कर आँख अथवा पाँव को थोड़ी-सी तकलीफ दे देना। पत्र-पत्रिकाओं के चित्रों पर अपनी प्रतिभा की मुहर लगाना। महत्वपूर्ण अथवा संभावित प्रश्नों के उत्तर के चक्कर में अच्छी कीमती पुस्तकों की मिनटों में शल्य चिकित्सा कर देना। कभी कक्षा में मेंढ़क और लायब्रेरी में चूहा छोड़ चुपके-चुपके मज़ा लेना ये सब समाप्त हो रहा है। और लोग हैं कि सिनेमा दिखा रहे हैं। उछले पड़ रहे हैं। अभी नशे में हैं जब नशा उतरेगा तब ख्याल आयेगा कि बेटे कॉलेज में बहुत चूहे छोड़े हैं। अब जरा घर में उत्पात करते चूहों को पकड़ो, बहुत मेंढ़क छोड़े हैं। अब जरा कपड़ों, बिस्तरों और खाटों को धूप दिखाओ। मिट्टी का तेल छिड़को, फ्लिट मारो, मेरे प्यारे वीरन, मेरे अर्जुन उठो, देखो कितने खटमल तुमसे वीर गति पाने की प्रतीक्षा कर रहे हैं।

अब तक परीक्षाओं में गैस पेपर, महत्वपूर्ण प्रश्न अथवा संभावित प्रश्न और अगल-बगल के पढ़ाकू साथियों तथा कभी-कभी निरीक्षकों की उदार दृष्टि के कारण आगे सरक जाते थे। पर अब डिग्री ले लेने के बाद प्रतियोगिता परीक्षाओं की तैयारी कीजिए। जिन्दगी भर जिन विषयों अथवा पुस्तकों से एलर्जी

रही है उन्हीं को पढ़िए। क्या मुसीबत है। जहाँ जिन प्रतियोगिता परीक्षाओं में हमें पास होना चाहिए था वहाँ हम बार-बार फेल हो रहे हैं। और जहाँ जिन कॉलेज, यूनिवर्सिटी परीक्षाओं में हमें फेल होना चाहिए था वहाँ पास होते चले गये। कहावत है कि आकाश से गिरे और खजूर में अटके। मगर मेरी इच्छा यह कहने को हो रही है कि खजूर से निकले हैं और आकाश में अटक गये हैं।

हाय, हम गिरफ्तार न हुए

यह इन्तजार कब खत्म होगा! कई महीनों से लगातार इंतजार किए जा रहा हूँ। यह सोच कर इंतजार से शिकायत नहीं कि इंतजार का फल मीठा होता है।

हमने मंच से सरकार को जम कर गाली, इतनी जम कर गाली दी कि अगर कोई हमें दे और वह हमसे कमजोर हो तो हम उसके बत्तीस दाँतों को अपनी हथेली पर लिए सरेआम घूमें और वह अस्पताल में मरहम-पट्टी या पलस्तर लगवाता नजर आए। पर हम बहरी-गूंगी कमबख्त सरकार को क्या कहें हमारी गालियाँ सुन लीं पर कोई प्रतिक्रिया नहीं । क्या वह हमसे कमजोर है या उसने इसे नौकरी का कोई प्रार्थना पत्र समझ लिया कि जवाब तक नदारद और गालियाँ देने के बाद से हम अपनी गिरफ्तारी का इंतजार कर रहे हैं और पता नहीं कब तक करते रहेंगे क्योंकि उसके अलावा अब हम कर भी क्या सकते हैं? वैसे सड़कों पर खड़े होकर मोर्चा निकाल कर हमने अपनी जोशीली वाणी और फौलादी कविता से सरकारी तंत्र की धज्जियाँ उड़ाने में कुछ बकाया नहीं रखा। ऐसी निकम्मी सरकार को बदलने के लिए क्रांति का आह्वान देने से कहीं नहीं चूकें। 'बोल मजूरा हल्ला बोल' गाते रहे। सरकार की भर्त्सना करते रहे। पढ़े लिखे आदमियों को हथियारबंद क्रांति के लिए उकसाते रहे। पर हाय री सरकार की लालफीता शाही इतने बड़े विप्लवी की खतरनाक गतिविधियों पर ध्यान ही नहीं गया । हमें गिरफ्तार ही नहीं किया गया। सभी इष्ट मित्रों की सलाह, शुभेच्छुकों का भय बेकार निकला। मैं बाहर ही रह गया। जेल के सीखचों के भीतर मुझे नहीं ले जाया गया। घर के लिए दो-तीन माह के लिए किया गया आवश्यक प्रबंध अब किसी काम का नहीं रहा। खिंचवाई गई फोटो और टाइप कराए गए आत्म चरित का अब क्या होगा। मैं चिंता में हूँ और प्रतीक्षा में हूँ।

चिंता और प्रतीक्षा का अन्योन्याश्रित सम्बन्ध है। अब हमारी क्रांति की धजा बिगड़ने लगी है। फोटोग्राफर और टायपिस्ट को हमारी देश भक्ति के सम्बन्ध में शंका होने लगी है। हमारी महानता की मीनार पीसा की मीनार की तरह झुकने लगी है। हमारी बुलन्द आवाज का जादू मरने लगा है। सरकार के कान पर जूँ नहीं रेंग रही है और खतरनाक किस्म का देशभक्त सड़कों पर अभी तक आराम से घूम रहा है।

मेरा तो ख्याल था कि जैसे ही मैं चार जगह कविताएँ पढ़ूँगा 'छपूँगा' त्यों ही सरकार मुझे 'आंतरिक सुरक्षा रख-रखाव कानून' के अंतर्गत अथवा डी. आई. आर. के अंतर्गत अथवा संकट कालीन स्थिति के नाम पर शीघ्र गिरफ्तार कर लेगी। ऐसी स्थिति में सारे अखबारों में सोल्जेनित्सिन की तरह मेरी फोटो छप जाएगी। एक ही रात में मैं अंतर्राष्ट्रीय ख्याति प्राप्त हो जाऊँगा। रूस सरकार का हर बात में अनुकरण करने वाली सरकार बस यहीं धोखा खा गई। मुझे सोल्जेनित्सिन बनने के मौके से वंचित कर दिया। सोच रहा था कि जैसे ही अखबार में मेरी फोटो छपेगी और जीवन चरित, तब ही मेरे पड़ोसियों को मेरी शक्ति का अहसास होगा। कवि को आलतू-फालतू या बिल्कुल पालतू किस्म का जीव समझने की गलती वे सुधारेंगे। मेरी महानता का उन्हें अनुभव होगा। सरकार की ज्यादती के खिलाफ उनमें ऐंठन और उफान पैदा होगा। शायद वे संघर्ष समिति की स्थापना करें। गली कूचे मुहल्ले राष्ट्र से उठकर अंतर्राष्ट्रीय चेतना का वाहक मैं बन जाऊँगा। टायपिस्ट जीवन चरित टाइप करने के पैसे नहीं माँगेगा, अपने को गौरवान्वित अनुभव करेगा। सोचेगा इतने बड़े आदमी से क्या पैसे माँगे जाएँ। कोई छोटा-मोटा लेखक होता तो गर्दन तराश लेता, हो सकता है वह टाइपरायटर की पूजा शुरू कर दें। टाइप के भाव बढ़ा दें। फोटोग्राफर भी अपना जीवन धन्य मानेगा कि उसने मेरे जैसे क्रांतिकारी की फोटो उतारी। उसके यहाँ फोटो उतरवाने वालों की भीड़ लग जाएगी। महानता किसे प्रिय नहीं लगती।

पर ऐसा कुछ नहीं हुआ। सरकार सो रही है। कुंभकर्ण की नींद सो रही है और मैं सुबह से शाम और शाम से सुबह तक चौबीस घण्टे उसके जगने का इंतजार कर रहा हूँ कि वह कब जगे और मुझे कब गिरफ्तार करे।

काश, सरकार मुझे गिरफ्तार कर लेती तो मेरा कविता-संकलन कितने

जल्दी बिक जाता। बॉबी फिल्म की टिकिट और मेरे संकलन दोनों के लिए होड़ लग जाती। जो संग्रह पा जाते वे अपने को कुबेर समझते जैसे बॉबी का टिकिट ब्लैक में खरीद खुद को गौरवान्वित अनुभव करते हैं। जो लोग कहते रहे हैं कि कविता संकलन बिकता नहीं यार दोस्तों में बँट जाता है। उनके मुँह पर कैसे करारा थप्पड़ पड़ता उनकी तो बोलती बंद हो जाती। वे भी एकाध प्रति के लिए तरस जाते। शायद किताब प्रतिबंधित कर दी जाती। तब तो और भी महंगे दामों पर बिकती। चोरी छिपे उसके युनिवर्स एडीशन होते। दुनिया की तमाम भाषाओं में मेरी कविताएँ चोरी छिपे पहुँच ही जातीं। भारतीय फिल्मों की तरह। वहाँ के पत्रकार और टेलीविजन वाले मेरे इंटरव्यू के लिए आते और मिलने के लिए छटपटाते, प्रकाशक जो आज सीधे मुँह चाय तो पिलाते हैं पर पान नहीं खिलाते और पुस्तक छापने की तो कसम खाए बैठे हैं वे तुरंत लड़की वालों की तरह मेरे पीछे पड़ जाते। आज 5 या 7% रॉयल्टी देने में भी बेइमानी करने वाले उस समय 50% देने पर भी तैयार हो जाते। और मैं कृष्ण की तरह पयताने तथा सिरहाने बैठे प्रकाशकों में से अर्जुन तथा दुर्योधन की परख करता और जिसे देख मुस्कुरा देता वह समझता कि महाभारत उसने ही जीत लिया। मेरी मुस्कान कितनी विश्व विजयिनी हो जाती। मेरे गिरफ्तार होने के साथ ही राष्ट्रकवि की खोज की प्रक्रिया समाप्त हो जाती जनता सरकार के विरोध की चिन्ता किए बिना मुझे बेताज का राष्ट्रकवि घोषित कर देती। सभी साहित्यकार सरकार से 'अभिव्यक्ति स्वतंत्रता' और 'वैचारिक स्वतंत्रता' के नाम पर मुझे मुक्त कर देने की अपील करते। प्रदर्शन और मोर्चा का आयोजन होता। जितने लोग कभी मेरी कविताएँ सुनने नहीं आए उससे ज्यादा प्रदर्शन में सम्मिलित होते क्योंकि प्रदर्शन हमारा राष्ट्रीय चरित्र का अंग बन गया है और हमारी राष्ट्रीयता विश्व विश्रुत है। अगर वे मोर्चे में शामिल न हों तो उन्हें खाना हजम न हो और जनांदोलन के सम्मुख कौन-सी सरकार टिक सकी है। जबर्दस्त आंदोलन से सरकार को गिरने का भय हो जाता और मैं राष्ट्र नायक तथा लोक नायक के विभूषणों से अलंकृत हो जाता।

पर ऐसा कुछ नहीं हो रहा है। मैं सिर्फ इंतजार किए जा रहा हूँ। अभी तक सी.आई.डी. अथवा पुलिस मुझे दूर-दूर तक नहीं दिखलाई पड़ रही है। मेरी खुर्दबीन तो ठीक, मेरी आँखें तक धुंधलाती जा रही हैं। पर कोई माई का लाल

आता नहीं दिखाई दे रहा है। भारतीय संविधान कितना पंगु और अधूरा है। हम अपने को पकड़वाने के लिए लालायित हैं पर कानून की लाचारी के कारण वह हमारी सहायता नहीं कर पा रहा है। हम अपना संकलन प्रतिबंधित कराना चाह रहे हैं। पर शासन तंत्र ऊँघ रहा है। देश के रक्षकों का यह आलस्य और शिथिलता चिन्तनीय है। अब हमारे आग वाले गीत और कविताओं का क्या होगा? क्या हमारे गीतों कविताओं की आँच उन तक नहीं पहुँची। अब मेरे फोटो और जीवन चरित का क्या होगा? परन्तु आशा बलवती होती है अतएव इंतजार किए जा रहा हूँ। कभी न कभी सरकार की नींद पूरी होगी। कभी न कभी सी.आई.डी. मुझे गिरफ्तार कर ले जाएगी। मैं इंतजार कर रहा हूँ। कविता संकलन इंतजार कर रहा है। अन्य पाण्डुलिपियाँ इंतजार कर रही हैं। फोटोग्राफर और टायपिस्ट अपने-अपने बिलों के भुगतान का इंतजार कर रहे हैं।

क्रांतिकारी का सरकारी हो जाना

वह आँख से बोलता था और नाक से सिगरेट पीता था और मुँह से धुआँ निकालता था। धुआँ निकालने में उसे महारत हासिल थी और आँख से बोलने में शोहरत। धुंध और धुएँ के घेरे में रुके कुछ शब्द सभी बातचीत के टुकड़ों, भाषणों, चर्चा-परिचर्चा में घूम-फिर कर आते थे-क्रांति, हथियार शोषण, घोषणा और भर्त्सना। मैं उसका बहुत अच्छा साथी था। वह प्रेम से मुझे कामरेड कहता था ।

वह नुक्कड़वाले ईरानी होटल का बहिष्कार कर चुका था। छोटे प्याले और अधिक दाम ने उसकी निगाहों में होटल वाले को शोषक वर्ग का प्रतिनिधि बना दिया था। अतः अब वह होटल के बजाय कहीं रेत पर, घास पर या फुटपाथ पर बैठ जाता था। सिगरेट पीता रहता था। धुआँ उड़ाता रहता था और धुआँधार बोलता रहता था और बची-खुची सिगरेट यहाँ वहाँ इस मतलब से फेंक दिया करता था कि शायद उससे वातावरण आग पकड़ ले। जमीन मकान सुलग उठे। उसके भीतर का सुलगाव बजरिए सिगरेट के राष्ट्र को जलाने लगे तभी उसका सपना साकार होता। उसके भाषणों को आकार मिलता और क्रांति को एक और शे ग्वेवेरा मिलता। पर आज तक सिगरेट ने उससे बचने पर जलने जलाने के बजाय बुझ जाना स्वीकार कर लिया। कदाचित वह अग्निमुखी क्रांतिकारी की प्रतिस्पर्धिनी नहीं बनना चाहती थी।

उसके पास एक बेल बॉटमनुमा पैंट और इकलौता बुश्शर्ट था। रूमाल अतिरिक्त समृद्धि का प्रतीक था। अतः वह होटलों के तौलिये की अथवा दोस्तों से गर्मजोशी से हाथ मिला कर और कभी-कभी बुश्शर्ट की बाँह या पैंट की जेब में हाथ डाल कर रूमाल के अभाव की पूर्ति कर लेता था। उसके पास संपत्ति

के नाम पर न पेन था और न पैड। सिर्फ थी एक दाढ़ी। कहीं बढ़ी कहीं कटी खिचड़ी । कट विशेष नहीं था। क्योंकि वह अनुकरण में विश्वास नहीं करता था। हाँ उस बेतरतीब दाढ़ी में विद्वत्ता के साथ-साथ कभी-कभी जुएं जैसे साधारणजीव के दर्शन हो जाते थे। अपने उदारवादी विचारों की तरह दाढ़ी में जुओं को स्थान दे उसने काले और सफेद दोनों तरह के शोषणों से घिरी जनता को आश्रय देने का सुख पाया था। यह जुदा बात है कि दाढ़ी खुजलाने पर उसके हाथ में किसी जुएं का शव दिखाई दे जाता था। मुझे उससे रक्तक्रांति होने के लक्षण दिखलाई पड़ने लगते थे ।

पैंट वह महीनों में धोता था। साबुन के कृत्रिम अभाव के खिलाफ यह उसकी अपनी किस्म की लड़ाई थी। नहाने में उसने अपव्यय को टाला था। सरकारी, गैर-सरकारी योजना बनाने वालों को इस दिशा में उससे शिक्षा लेनी चाहिए। कभी-कभी नहा कर वह लगातार नहाने से देह की क्रांति ऊष्मा को शीतल होने से रोकता था। उसके पास मेरे ही जैसे किसी दोस्त से भेंट में मिली अथवा जबरदस्ती माँगी गई कोल्हापुरी चप्पलें थीं।

वह सुबह से शाम तक नये दोस्तों की तलाश करता था। पुराने दोस्तों के यहाँ हाजिरी देता था। उन्हें क्रांति के और करीब आने का सुखद संवाद देता था और नये दोस्तों से चाय तथा भोजन का प्रबंध करवा उन्हें क्रांति के लिए तैयार रहने के लिए आगाह किया करता था। कभी-कभी वह झटके-लटके भी देता था। युवा वर्ग के प्रति घोर निराशा प्रकट करता था पर साथ ही आशा का सूत्र भी जोड़ दिया करता था। वह जनता को महामूर्ख और जड़ कहता था। सरकार को सुबह से शाम तक गालियाँ देता था। यह उसका प्रिय और प्रमुख कार्य था। दिन में कई बार वह सरकार को पलीता लगा देता था। बेईमान, गद्दार, अंराष्ट्रीय, भ्रष्टाचारी सरकार तंत्र के खिलाफ बोलना उसके भाषण की स्वप्रिय बिनाका गीतमाला थी। ऐसा नहीं था कि वह पढ़ा-लिखा नहीं था। उसने माओ को पढ़ा था। मार्क्स लेनिन स्तालिन डांगे सभी को उसने पढ़ा ही नहीं, समझा भी था।

उससे हम सब काफी प्रभावित थे। साथ रहने पर लगता था कि सचमुच क्रांति कहीं छिप कर उसके इशारे की प्रतीक्षा कर रही है।

इधर कई दिनों से उससे मुलाकात नहीं हुई। न तो दफ्तर में और न फुटपाथ

पर ही। क्रांति के मसीहा के अंतर्धान हो जाने से उसके नये-पुराने सभी मित्र चिंतित थे। रोज अखबार पढ़ते थे। खोया-पाया गुमशुदा की तलाश से लेकर पुलिस की डायरी तक उलट डालते थे पर उसका कुछ पता नहीं। उसके अंडर ग्राउंड होने का रहस्य अभी अनबूझा ही था कि एक दिन वह मुझे मिल गया। पहली नजर में तो मैं उसे पहचान नहीं पाया। होटल ओबेराय शेरटन में अपने एक धनाढ्य मित्र की बेटी की शादी में गया हुआ था। सहसा वह नजर में पड़ गया। मैं उसे बिल्कुल पहचान नहीं पाया। वह बढ़िया विदेशी वस्त्रों का बना सूट पहने था। कॉफ लेदर के जूते थे। दाढ़ी बढ़िया तरीके से सँवारी गयी थी। टाइ माड टाइप की यानी चौड़ी पट्टीवाली थी। बाल तरीके से तह किए हुए थे। उसने दो दाँतों वाली उज्ज्वल मुस्कान बिखेरते हुए माहौल के एटीकेट का पूरा-पूरा ख्याल रखते हुए दबी जबान से 'हलो' कहा और हाथ बढ़ा दिए। मैंने अभ्यासवश हाथ बढ़ा दिया पर तिलस्म अभी खत्म नहीं हुआ था। मैं ओबेराय और घास का मैदान, गंदा पैंट, खिचड़ी दाढ़ी और बढ़िया सूट और सँवारी दाढ़ी से बाहर नहीं निकल पाया था कि उसने हाथी दाँत का सिगरेट केस मेरे सामने बढ़ा दिया। धन्यवाद देकर मैंने लाइटर से सिगरेट सुलगा ली। मैं अभी अपने आपको स्वस्थ कर पाता कि इतने में वह अब एक सुंदरी की कमर में हाथ डाल कर नाचने लगा था । मेरा सिर चकरा रहा था। शायद उसने मेरी परेशानी को समझ लिया था। समझदार वह शुरू से रहा है। वह हल्के से मुस्कुराया और नाचना छोड़ कर मेरे पास चला आया। लोगों के नमस्कार को स्वीकारते हुए। मैं कुछ पूछूँ कि क्या कैसे कब इसके पहले ही उसने बड़े सधे लहजे और सफाई से कहा, भाई, मैं अब इन्कमटैक्स विभाग में प्रथम श्रेणी का वरिष्ठ अधिकारी हो गया हूँ। फिर बेतरतीब धुएँ को छोड़ते हुए कहने लगा-''फाइल वर्क है। अच्छा वेतन और अच्छी आय है। मैं शीघ्र विदेश की टूर पर जा रहा हूँ।'' फिर एकाध मिनिट चुप रह कर बोला,''यार, कभी फ्लैट पर आओ। 'समुद्र दर्शन' वहीं सलाटर रोड पर है। बड़ी सुंदर सिच्युएशन पर है। शांत सोफिस्केटेड सोसायटी, शांत वातावरण बालकनी से समुद्र के दर्शन। कभी आओ यार कभी जरूर आओ। मैं कार भिजवा दूँगा। अच्छा चलूँगा।'' उसने कलाई पर बँधी इम्पोर्टेड घड़ी की ओर देख कर कहा- ''मुझे अभी विचौली दास जी के यहाँ जाना है। अच्छा,

अच्छा बाय।"

वह चला गया और मैं भौचक्का-सा खड़ा रह गया। मैं साफ दाढ़ी, बढ़िया कीमती सूट, काफलेदर के जूते, इम्पोर्टेड घड़ी, कार, फ्लैट और विदेश की टूर के बीच गंदे कपड़े, बेतरतीब दाढ़ी, उधार चप्पल वाले घास और फुटपाथ पर बैठने वाले शे ग्वेवेरा को ढूंढ़ रहा था। माओ, लेनिन, स्तालिन, मार्क्स को ढूँढ़ रहा था, पर अब वे सब कहाँ मिलते। कैसे मिलते! जबकि क्रांतिकारी सरकारी हो गया था।

कॉलनी, छुट्टी का दिन और गीत

छुट्टी का दिन पैर फैलाकर आराम करने का दिन होता है। महानगर के अस्त-व्यस्त साहित्यकारों के लिए यह दिन नई रचना के कुनमुनाने गुनगुनाने का दिन होता है। सारा दिन आराम कुर्सी पर बैठे रहें और आहिस्ता-आहिस्ता गुनगुनाते रहें। बीच-बीच में चाय या कॉफी का प्याला तथा साथ में प्याज अथवा आलू के गर्मागर्म पकौड़े आते रहें तो साहित्य सृजन सातवें आसमान पर फलांगने लगता है और फिर यदि आप शहर से कई मील दूर बसी किसी कॉलनी में बसते हैं तब तो आपके आनन्द का आयाम ही बदल जायेगा। शहरी भीड़-भाड़ से परे, चिल्ल-पौं से दूर, शांत, रम्य वातावरण। माचिस की डिबिया की तरह बने एक से एक मकान, एक ऊँचाई, एक रंग और एक टाइप के। बीच-बीच में बागीचे के लिए छोड़ी गयी जगह। तेजी और भाग दौड़ के छह दिनों के बाद ऐसे परम शांत स्थान पर कवि मन यदि कुलांचे भरे तो अचरज क्या ! इस दिन टाइट पैंट या बेलबाटम छूट जाती है। फाइव पीस शर्ट छूट जाती है और मन रंगीन पायजामा और बढ़िया बनियाइन पहन कल्पना के इन्द्रधनुषी किनारों पर हिलोर लेने लगता है। वास्तव में छुट्टी का दिन नागरिक बोध से मुक्ति का दिन है। उन्मुक्त सृजन का दिन है।

मैं हिन्दी का एक अदना साहित्यकार कॉलनी के अपने फ्लैट में बैठा सप्ताह के अन्य दिनों में कभी बस या लोकल ट्रेन की भीड़ में कौंध गयी किसी पंक्ति को आज एक आकार देने की प्रक्रिया में डूब रहा हूँ। धीरे-धीरे ध्यानस्थ हो रहा हूँ। सभी कुछ छूटा जा रहा है। रोज़-रोज़ की भाग-दौड़। घड़ी देख कर खाना-पीना, बोलना, हँसना, समय की डोर से बंधा सब कुछ। प्यार से लेकर झगड़ा

तक।

मन नयी-नयी उड़ान भर रहा है। गीत के बोल रूप पाने के लिये होठों पर मचल रहे हैं। मैं उसी में धीरे-धीरे डूबता जा रहा हूँ, पर इतने में काल बेल बज उठती है। सुबह-सुबह कौन चला आया? गीत छूट जाता है। उत्सुकता से भरा मन दरवाजा खोलता है। और पाता है एक अजनबी लड़का। हाथ में फिनायल की कुछ बोतलें लिये है। पूछता है- "फिनायल लेंगे?" मन क्रोध से भर जाता है। कहाँ गीत की दूधिया चाँदनी और कहाँ यह फिनायल का बू मारता दूधियापन। "नहीं" कह कर दरवाजा बंद कर लेता हूँ और गीत की छूटी कड़ी फिर जोड़ने की कोशिश करने लगता हूँ। गीत का मुखड़ा फिर झाँकने लगता है। बस मुखड़ा भर ठीक हो जाये तो बाकी का गीत तो निभा ले जाऊँगा । मन मुखड़े के संग भटक रहा है। शनैः-शनैः मुखड़ा उभरने लगता है कि यह क्या? काठ की नहीं लोहे की घंटी फिर बज उठती है। झल्ला कर दरवाजा खोलता हूँ। दरवाजे पर एक सजीव कविता खड़ी है यानी ताजी तरकारी और ताजी तरकारी वाली। बिल्कुल नवगीत की ऊष्मा लिये। झल्लाहट कम हुई। चुपचाप सब्जी चुनता हूँ और पैसे दे रवाना करता हूँ। और इस सलोने व्यवधान से दूर गये सुकुमार गीत का फिर आह्वान करने लगता हूँ। मन को फिर भीतर समेटता हूँ। कुछ गुनगुनाने, कुछ जोड़ने-तोड़ने की कोशिश करता हूँ। गीत का मुखड़ा फिर उभरने लगता है। हिट मुखड़ा है। मजा आ जायेगा । दिव्यानुभूति में खो रहा हूँ। पर तभी किरर्रर्रर्र कर घण्टी फिर बज उठती है। मैं आनन्द के शिखर से गिर पड़ता हूँ। क्रोध में भर कर दरवाजा खोलता हूँ। डाँटने-फटकारने का मूड है।

पूरे गीत का सत्यानाश हो गया। सामने खड़े हैं चौबेजी। खींसे निपोरते हुए। कॉलनी के सांस्कृतिक संघ के अध्यक्ष। महत्वपूर्ण व्यक्ति। मेरे चेहरे का तनाव कम हो जाता है। उनका चेहरा फैल जाता है, आकर कुर्सी पर विराजमान हो जाते हैं, "कहिये, कविवर क्या कुछ नयी कविता सविता बना रहे हो?" मैं बनाने शब्द से सतर्क हो जाता हूँ। मैं सधे स्वर में कहता हूँ "बस यों ही कुछ।" "भाई खूब नाम करो, सारे देश में तुम्हारे नाम का डंका बजे। हमें नाज है कि हमारी कॉलनी में तुम्हारे जैसा होनहार महान कवि रहता है।" चौबेजी की वाक् गंगा बांध तोड़ कर बह उठी, और उसमें मैं बह गया। सतर्कता शिथिलता में बदल

गई। वे बात का तार आगे जोड़ते हैं –''हाँ भई, सांस्कृतिक उत्सव करना है, कवि सम्मेलन, नाटक, नृत्य, गीत सभी कुछ उसमें करना है। सब तुम पर निर्भर करता है। तुम्हारा सहयोग कॉलनी को अवश्य मिलना चाहिए।'' मैं मौन रूप से निमंत्रण स्वीकार कर लेता हूँ। गीत का खोया मुखड़ा फिर होठों से टकराने लगता है। तरन्नुम में मैं फिर बहकने लगता हूँ कि वे रसीद बुक आगे बढ़ा देते हैं और ग्यारह रुपये की सहयोग राशि की रसीद काट देते हैं। निमंत्रण थामने के बजाय रसीद थाम लेता हूँ। और चौबेजी फिर खीसें निपोरते हैं। धन्यवाद देकर बिना निमंत्रण दिये चले जाते हैं और कॉलनी का होनहार कवि का मूड बुरी तरह उखड़ने लगता है। छुट्टी के दिन भी पता नहीं कैसे-कैसे लोगों से साबका पड़ जाता है। बड़ी मुश्किल से गीत का मूड आया था उसे चौपट कर दिया। अब शायद गीत न लिखा जा सके। इतने अवरोधों के बाद भी गीत कैसे जिन्दा रह सकता है। पर भय निरर्थक निकला। विषाद योग समाप्त हुआ। गीत फिर जी उठा।

कवि फिर गीत की भूमि पर लौट रहा है। गीत की पंक्तियाँ फिर आकार लेने लगी हैं। मुखड़ा बार-बार दुहरा रहा हूँ ताकि अगली पंक्तियाँ भी वजनदार हो सकें। मन में तय कर लिया है कि अब दरवाजा नहीं खोलूँगा। गीत पांखी नीले आसमान से उतर कर मेरे अधरों पर सवार हो गया है। पहला बंद निर्विघ्न समाप्त हो गया है। मन पूरी मस्ती में रम रहा है। गीत के पूरे हो जाने की उज्ज्वल संभावना दीख रही है। मौसम सुहावना है। हल्की-हल्की धूप है। सड़क पर आवाजाही कम है। पर यह क्या एक बार फिर घण्टी बज उठती है। मुख के मुंडेर पर बैठा गीत पंछी सहसा उड़ जाता है। मन निराशा से भर जाता है। सोचने लगता है कि यह युग साहित्य सृजन का नहीं रहा। जीवन में संगीत के बजाय सिर्फ मशीन की घर्र-घर्र या घण्टी की कर्र-कर्र ही रह गयी है।

दरवाजे पर खड़े कोई महाशय पूछ रहे हैं, ''महोदय, घर में किसी को मलेरिया तो नहीं है ?'' मैं चौंक जाता हूँ, ''मलेरिया, नहीं तो, पर आपको यह गलत खबर दी किसने? आप कौन हैं ?'' मैं एक साँस में पूछ जाता हूँ। वह परिचय देता है। स्वास्थ्य विभाग का आदमी है। कॉलनी में लोग सिर्फ छुट्टियों के दिन ही मिल पाते हैं; अतः रजिस्टर की खानापूर्ति करने आया है। वाह, सरकार कितनी

सतर्क है लोगों के स्वास्थ्य के प्रति कि छुट्टी के दिन भी उसे पूछना नहीं भूलती। गीत पर मलेरिया का बुखार सवार होने लगा है। पेट में चूहे भी कूदने लगे हैं। बार-बार के व्यवधान से मूड कम हो गया है। अतः गीत रचना बंद कर खाना खाने की तैयारी करता हूँ।

महानगरों में सप्ताह में एक छुट्टी के दिन ही तो आदमी आराम से ठीक-ठीक खाना खा पाता है। पहला कौर इत्मीनान से तोड़ता हूँ कि फिर घण्टी बज उठती है। हाय कैसे निर्मम लोग हैं। अपने खुद के घर पर भी चैन से खाने नहीं देते। दरवाजे पर एक ढलती उम्र का आदमी खड़ा पूछ रहा है– "अचार, बड़ी, पापड़, कुछ लेंगे?" बिना जवाब दिये दरवाजा बंद कर लेता हूँ।

खाने के बाद कुछ समय तक आराम करता हूँ। नींद होते न होते चार बज गए हैं। मन और शरीर दोनों को पर्याप्त आराम मिल चुका है। अब घण्टी बजने के सारे खतरे समाप्त हो चुके हैं। किसी फेरीवाले, किसी कार्यकर्ता के आने की संभावना नहीं रही है। शाम को सभी घूमना-घामना पसंद करते हैं। बस हमारे जैसे नाजुक मिजाज कवि ही एकांत में बैठ गीत जोड़ते हैं।

मैं अधूरे गीत की दूसरी बंदिश को उठाता हूँ। धीमी-धीमी हवा, शांत वातावरण, उत्फुल्ल और ताजा मन आँधी-सा दौड़ चला। गीत की बंदिशें पूरी हो रही हैं। एक सशक्त गीत। दिन भर के अवरोधों को चीर कर उठा हुआ गीत। घण्टियों के रौरव नाद के ऊपर विराजता गीत। आखिरी शक्ल अख्तियार करने के लिये तैयार है। सारा माहौल गीतमय हो उठा है। पर गीत के पंख को कुतरती हुई घण्टी फिर बज उठी। आश्चर्यमिश्रित क्रोध से दरवाजा खोलता हूँ। एक आदमी खुरपी लिए खड़ा है और धीरे से पूछ रहा है– "साहब, लान की घास साफ कर दूँ।" मैं 'हाँ' कह कर दरवाजा बंद कर लेता हूँ। भगवान को धन्यवाद कि गीत टूटा नहीं। गीत छूटा नहीं। चाय की हल्की-हल्की चुस्कियां ले रहा हूँ और गीत को आखिरी अंजाम दे रहा हूँ। मैं आनन्द की चरमावस्था में डूब रहा हूँ। तरन्नुम में तेज़ी और तरावट आ रही है। मन की गुफा में रस झर रहा है, बस, पाँच मिनिट और। और गीत पूरा । एक ऐतिहासिक गीत । मील का पत्थर गीत । पर, मेरे मन कछु और है कर्ता के कुछ और क्रे क्रे की आवाज ने क्रौंच वध का दृश्य उपस्थित कर दिया है। क्रौंच वध से वाल्मीकि कवि बना था और आज

के क्रे क्रे रव से गीत का अवसान हो रहा है। दरवाजे पर दूर के रिश्तेदार सपरिवार ख़ड़े हैं। मैं जबरन हँस कर उनका स्वागत करता हूँ। वे कहते हैं– ''भाई, आज तुमको पकड़ पाये। रोज तो तुम्हारा ठिकाना नहीं रहता। आज छुट्टी का दिन है। घर पर ही होगे। काफी दिनों से मुलाकात नहीं हुई सो मिलना हो जायेगा और इसी बहाने बच्चों का घूमना-फिरना भी हो जायेगा।'' मैं ''हाँ हाँ क्यों नहीं'' बस इतना भर कह पाता हूँ। जानता हूँ कि अब ये बाल बच्चों सहित जल्द यहाँ से टलने वाले नहीं हैं। ये सकुटुम्ब रात का भोजन भी यहीं करेंगे। बच्चों ने जूते-चप्पल उतार दिये हैं। रोना-झगड़ना शुरू कर दिया है। उनकी घूँघटवाली अम्मा ने और बाप ने उन्हें डाँटना-पीटना शुरू कर दिया है। मैंने भी गीत के भाग्य पर रोना शुरू कर दिया है। आखिरी हदों तक पहुंच कर भी गीत संपूर्णता नहीं पा रहा है। मेरा इतिहास बोध जागृत होने लगा है । जब से संसार में कॉलनी सिस्टम शुरू हुआ है तब से बेचारा गीत मर रहा है। साहित्य मर रहा है। और अब केवल इतना ही सूझ रहा है कि सरकार से यह प्रार्थना की जाये कि वह यदि साहित्यकार को कॉलनी में ही बसाना चाहती है तो अवश्य बसाये पर तब वह उसके दरवाजे पर घण्टी के बजाय खतरे का सायरन फिट करवा दे।

जब लाश जी उठेगी

जबसे अखबार में लाश को जिन्दा करने के प्रयोगों की खबर पढ़ी है, चिंतित हूँ। घबराहट बढ़ गयी है। स्वयं को किसी धुआँ उगलते बर्फघर में खड़ा लगातार महसूस कर रहा हूँ। क्षमा याचना सहित यह बतला दूँ कि मुझे अपनी चिंता नहीं है। चिंता मरने वाले की भी नहीं है पर बाकी उन तमाम लोगों की है जो धरती पर जिंदा रहेंगे और परेशानी के आलम में न मिलने वाली मौत का बेताबी से इंतज़ार करेंगे।

आदमी मरता है। कभी अपनी मौत मरता है, कभी दूसरों की मौत मरता है और कभी-कभी कुत्ते की मौत भी मरता है। उसका मरना कतई महत्वपूर्ण नहीं होता । महत्वपूर्ण होता है कि वह कैसे मरा? सरकारी महकमों से लेकर मुहल्लों की जबानों के गैर-सरकारी महकमे तक इस बात की गहराई से छानबीन करते हैं कि वह कैसे मरा? आखिर वह रहस्य क्या था? और अगर वह अपनी मौत मर कर किसी की मेहरबानी से किसी और को इसका श्रेय दे जाता है तो दूसरा भी बेमौत मारा जाता है। गवाह चुस्त, बयान दुरुस्त और टंग गया कोई भोला -भाला जीव। पर भविष्य में कोई बेचारा अदालत के जंतर-मंतर से नहीं मारा जाएगा। मृतक जी उठेगा और हत्यारे की गर्दन दबोच लेगा। निर्दोष फाँसी के तख्ते से बच जायेगा। हत्यारा दण्ड पायेगा और इस प्रकार एक बार फिर महाभारत के बाद इस देश में सत्य की विजय होगी। परंतु मुर्दा के जिंदा हो

जाने से हत्यारा और भारतीय दण्ड संहिता दोनों के लिए पछताने की घड़ी आयेगी। हत्या करने वाला पछतायेगा क्योंकि जिसकी बमुश्किल उसने हत्या की वह फिर जिंदा हो जायेगा। और दंड संहिता पछतायेगी। क्योंकि फाँसी का दण्ड पाया हत्यारा फाँसी के फंदे पर सावन के झूले-सा झूल जायेगा। और थोड़ी देर बाद सर्कस के खिलाड़ी की तरह करतब दिखा सकुशल नीचे उतर सलाम कर चला जायेगा। जबसे लाश के जिंदा किये जाने की तजबीज के बारे में पढ़ा है, मैं स्कॉटलैण्ड यार्ड के पश्चात प्रसिद्ध इस देश की सी.आई.डी. के भविष्य को लेकर चिंतित हूँ। उसे अब अपनी पैनी बुद्धि का उपयोग किसी हत्यारे की तलाश में करने के बजाय अच्छे चावल की खोज में करना पड़ेगा। पुलिस अभियोक्ता और अभियोगी दोनों को एक साथ गंगा पार उतारने में माहिर है उसे भी विवश होकर अपनी जेब छोटी सिलानी पड़ेगी। उसके लिये तो बस समझो कयामत ही आ जायेगी।

सोचता हूँ यदि वाकई लाश जी उठेगी तो मृत्युजीवी लोगों का क्या होगा? पण्डित, पादरी वगैरह के बारे में सोच कर मुझे तरस आ रहा है। दाह संस्कार और अन्य मरणोपरांत धार्मिक विधियाँ न होने पर उनकी आय पर कितना आघात पहुँचेगा। स्वर्ग और नरक की स्थितियाँ डाँवाडोल हो उठेंगी। धर्म और अधर्म दोनों अपनी तकदीर पर आठ-आठ आंसू बहायेंगे। स्वर्ग जाने के लिए तब कोई धर्म नहीं करेगा और नरक से डरकर कोई गलत काम करने में संकोच नहीं करेगा। पाप-पुण्य, अच्छा-बुरा सभी मौत की गिरफ्त से आज़ाद हो जायेंगे और धर्म शास्त्रों पर बैठ कर मजे से शतरंज खेलेंगे। बांस, लकड़ी, हांडी और घी के धंधे पर भी इससे बुरा असर पड़ेगा, क्योंकि फिलहाल लोग अर्थी तो बाँधते ही हैं लगे हाथ बहुत कुछ मुर्दे को भी बाँध देते हैं। डरते हैं कि बहुत मुश्किल से तो यह मर पाया है। कहीं ऐसा न हो कि हम उसे कंधे पर उठाएँ, उसके पूर्व वह खुद यह गाते हुए उठ कर न चल दे -'मैं मरघट से लौट तुम्हारे घर आया।' किराए पर रोने वालों का धंधा तो एकदम चौपट समझो। गमी मनाने की सनातन रीति समाप्त हो जायेगी। लोग बाग अब किसी मृतक के बारे में झूठी तारीफ नहीं कर पायेंगे। कहने का तात्पर्य यह कि मरने के बाद अब इस देश में हर आदमी बड़ा भला और अच्छा नहीं कहला पायेगा। मरण-भोज की प्रथा समाप्त कर देनी

पड़ेगी। भोज का चलन अब वैसे ही कम हो रहा है। महंगाई के मारे लोग प्रीति तो देते हैं पर भोज नहीं देते। वैसे स्वर्गीय आत्मा की शांति के लिए यह प्रथा बड़ी अच्छी है। इससे मृतक के मरने का हर्ष भी मना लिया जाता है और दिवंगत आत्मा को शांति देने की अपनी पुरखा परंपरा का सहज पालन हो जाता है।

विद्यार्थी और नौकरी पेशा वालों के लिए यह खबर बहुत ही दुखदायी है। सरकार ने वैसे ही छुट्टियाँ कम कर दी हैं। साल में दो चार दिन छुट्टियाँ मृत्यु भवानी की किसी विशेष पर विशेष कृपादृष्टि हो जाने से मिल जाया करती थीं, पर अब वे नहीं मिल सकेंगी, और स्कूलों, कॉलेजों, दफ्तरों, कारखानों को कब तक हम हड़ताल, बंद और धरना से बंद कराते रहेंगे। शोक सभाओं के तो दिन लद गये ही समझो।

जहाँ विद्यार्थियों और नौकरी पेशा वालों के लिए यह खबर दुखद है, वहाँ संपादकों के लिए यह समाचार प्रसन्नता की सारी सरहदों को छूने वाला है। उन्हें थोड़ी राहत मिलेगी। 'मृत्यु-कॉलम' समाप्त कर दिये जाने से उनका स्पेस बचेगा। उन्हें अब हमेशा किन्हीं विशिष्ट व्यक्तियों की जीवनी का लेखा-जोखा तैयार नहीं रखना पड़ेगा। किसी पर इच्छा-अनिच्छा से भव्य दिव्य श्रद्धांजलि लेख नहीं लिखना पड़ेगा। किसी विशेषांक के लिए भर्ती की सामग्री नहीं चुननी पड़ेगी। फोटोग्राफरों पर भी इसका असर कम नहीं होगा। अब यादगार तस्वीरें कौन खिंचवायेगा? विभिन्न अवसरों और एंग्लों की फोटो अब रेअर और बहुमूल्य नहीं रह जायेंगी क्योंकि समय ठहर जायेगा। कोई क्षण अमूल्य नहीं रह जायेगा। हर क्षण दुबारा जिया जा सकेगा। जब जीवित क्षण उपलब्ध होंगे तब फोटो देखकर कौन समय बर्बाद करेगा- 'जो बात तुझमें हैं, तेरी तस्वीर में नहीं।' समाधियाँ बनाने की आवश्यकता समाप्त हो जायेगी। हो सकता है इससे सीमेंट, गारा, ईंट आदि के भाव बेतरह गिर जायें। जीवित आदमी की प्रतिमा नहीं बनायी जा सकती। अत: मरणोत्तर प्रतिमा बनाने के व्यवसाय में लगे आदमियों की प्रतिमा को जगह स्वयं को खड़ा करने की नौबत आ सकती है।

सबसे अधिक प्रभावित होगा राजनीति का क्षेत्र। अब तक लोग जब कुर्सी नहीं पाते थे तो मारक मंत्र जाप कर कुर्सी हथियाने की कोशिश करते थे। पर अब तो जिसको जो कुर्सी मिल गयी वह छोड़ेगा नहीं। हो सकता है कुर्सी ही

बेचारे नेता को नहीं छोड़े। नेता करे भी क्या? बाल हठ, स्त्री हठ और राज हठ के नये संस्करण कुर्सी हठ पर किसका वश चलता है। सत्तादल और विरोधी दलों में वैचारिक एकता के सभी दरवाजे बंद हो जायेंगे। कारण मौत ही एक ऐसा अवसर है जहाँ सभी दल दिवंगत के प्रति उदार हो उठते हैं। सारे विरोध, सारी अप्रिय घटनाओं को भुला कर मृतक के प्रति सद्भावना का परिचय देते हैं। पर सत्ता दल और विरोधी दलों के निकट आने का यह अवसर भी अब समाप्त हो जायेगा और नेता मरता नहीं, अमर हो जाता है, यह कथन सार्थक हो जायेगा। हाँ, इतना अवश्य है कि उपवास का राजनैतिक हथियार के रूप में प्रयोग नहीं किया जा सकेगा। और मरणोत्तर तथा मरणोपरांत प्रदान किये जाने वाले राजकीय सम्मान के पदकों पर अब सिर्फ जंग लगी नज़र आयेगी।

साहित्य के संसार में भी कम हलचल नहीं मचेगी। बच्चन जी को 'मधुशाला' में अपनी आखिरी इच्छा दुबारा लिखनी पड़ेगी। नीरज के हिट मृत्यु गीत पिट जायेंगे। शोक प्रगीत की मृत्यु हो जायेगी। हिन्दी कविता से दर्शन टोटल खारिज हो जायेगा। बेचारा दर्शन कहीं एकांत में बैठ कर अपना सिर धुनेगा। औघड़ कबीर का 'रहना नहीं देश विराना' बेकार हो जायेगा। उसे यहीं रहना पड़ेगा, आत्मा और परमात्मा का वियोग सतत् हो जायेगा। मिलन का कोई अवसर नहीं बचेगा। विरह गीतों की बाढ़ आ जायेगी। जब देह लवैंडर की भीनी खुशबू में नहा कर महकेगी तब शरीर को मिट्टी समझने वालों की शामत आ जायेगी। उन्हें तब नया अनुभव आयेगा कि शरीर मिट्टी से मिलता है पर मिट्टी में मिलता नहीं है। अस्तित्ववादियों की धारणाएं खतरे में पड़ जायेंगी। हमारे पौराणिक देव और महापुरुष इतिहास के अंधकार में खोकर सिर्फ यादों में पुजेंगे। यम, चित्रगुप्त तथा यम के अनेक दूत सभी बेकार हो जायेंगे। धरती और आकाश के बीच कोई संपर्क सूत्र नहीं रह जायेगा।

पीढ़ियों का झगड़ा भी यौवन पर आ जायेगा, जब कोई नहीं मरेगा तब किसे युवा पीढ़ी किसे भूखी पीढ़ी और किसे पुरानी पीढ़ी कहा जायेगा। क्योंकि पुरानी पीढ़ी एक दिन यह सवाल जरूर कर उठेगी कि युवा पीढ़ी कितने वर्षों तक युवा रहेगी? और केवल हम कब तक अकेले पुरानी पीढ़ी वाले कहलायेंगे? सबसे बड़े दुर्भाग्य की बात तो यह होगी कि हिन्दी साहित्य में भविष्य में कोई

महान साहित्यकार नहीं हो पायेगा क्योंकि जब तक हिन्दी साहित्यकार मरता नहीं उसे महानता नहीं मिलती।

डॉक्टरों का हाल तो और बुरा होगा, अब तक वे मरीजों की हालत खराब करते रहे, अब मरीज उनकी हालत खराब करेंगे। डॉक्टर इंजक्शन तैयार कर मरीज का इंतजार करेगा। पानी वाला मिक्स्चर रोगी के अभाव में स्वयं बेकार होता जायेगा। और पेशेन्ट मृत्यु-भय से मुक्त छत पर कनकौआ लड़ाता नजर आयेगा । पुरातत्व विभाग भी बंद कर देना होगा। कारण सभी व्यक्ति पुरातत्व विशेषज्ञ हो जायेंगे, शोध और अटकलों की जरूरत नहीं रह जायेगी। कोई भी लम्बी उम्र का आदमी इतिहास की राख या मिट्टी को विभाग से कुरेद कर किसी वस्तु की साफ-साफ तस्वीर पेश कर देगा, तब न तो अनुमान की जरूरत पड़ेगी और न अनुसंधान की। सिर्फ शब्द प्रमाण से ही काम चल जायेगा।

सरकार को भी अपनी नौकरी शर्तों में सुधार करना पड़ेगा। फिर कोई साठ साल की उम्र में ही क्यों रिटायर होगा। जब कि समस्त जीवन की संभावनाएँ उसके पास हैं। भूख और प्यास सरकारी नियमों के कांधे पर नहीं चलते हैं, पर फिर अगर पुराना ही डटा रहेगा तो नये लोगों को सरकार कहाँ तक खपायेगी? बेरोजगारी की समस्या कितनी गहन हो उठेगी।

वास्तव में मौत के अभाव में सारा संसार आदमियों और औरतों का एक भयानक जंगल बन कर रह जायेगा। सारे मानवीय संबंध और सामाजिकता समाप्त हो जायेगी । अतः वे सुखी हैं जो मर गये। और वे भी सुखी हैं जो मरने की प्रक्रिया में हैं। उनके लिए हम सिसक सकेंगे, आँसू बहा सकेंगे, उनके लिए शोक सभा हो सकेगी। राष्ट्र शोक दिवस पाल सकेगा। रेडियो राम-धुन सुना सकेगा। संपादक संपादकीय लिख सकेगा। विशेषांक निकाल सकेगा। शिल्पकार प्रतिमा गढ़ सकेगा। समाधियां बन सकेंगी, और मृत्युपीड़ा का भय हमें जिन्दगी के लमहे-लमहे को आनन्द से गुजारने के लिए चौकस प्रेरित करेगा, अन्यथा लाश के जिन्दा हो जाने पर आदमी एक चलती-फिरती लाश से ज्यादा बचेगा ही क्या?

महिला वर्ष आ गया है

('वसंत आ गया है' के निबंधकार श्रद्धेय डॉ. हजारीप्रसाद द्विवेदी से क्षमा याचना सहित)

जिस स्थान पर बैठ कर लिख रहा हूँ वह समाजशास्त्र की भाषा में घर कहलाता है। उसके भीतर चार-छह बच्चों का लगातार शोर है। चिल्लपों है। एक पत्नी है जिसकी लंबी-लंबी जबान खाना खाने के अलावा प्रायः चलती रहती है। नौकर आज छुट्टी पर गया है और मैं नौकर हो जाने के रास्ते में हूँ। जरा-सी जबान हिली नहीं किं मैं एक वफादार पत्नी-सेवक की भाँति झूम उठता हूँ और पत्नी द्वारा बतलाया गया सारा कार्य मिनिटों में निपटा देता हूँ।

पड़ोस में नीम-सी एक कन्या है। मांसल होने पर भी नीम की तरह कड़वी है। मेरे प्रेम निवेदन का कोई चिह्न उसमें नहीं दिखाई देता। फिर भी यह बुरा नहीं मालूम देता। आशा तो है ही ! वहीं पास में दो कृष्णचूड़ाएं हैं अर्थात् दो सुंदरियाँ हैं जिनकी चोटियाँ घनी काली हैं जिन्हें देख कर गालिब का यह शेर बार-बार याद आता है-

आह को चाहिए इक उम्र असर होने तक ।
कौन जीता है तेरी जुल्फ के सिर होने तक॥

ये दोनों हमारे मुहल्ले की खूबसूरती की आखिरी सरहदें हैं पर अभी हमें इन्हें शिशु सौंदर्य ही कहना चाहिए क्योंकि न तो वे युवकों की तेज सीटियाँ समझ पाती हैं और न दबी आह। इनके चेहरों पर मुस्कुराहट तो कभी आती ही नहीं। भरे फागुन में भी इस प्रकार रहती हैं जैसे आषाढ़ हो। कहने का मतलब यह

कि वे हर रोज मल-मल कर नहाती हैं उनके यहाँ पानी की कोई समस्या नहीं है। इनके दो-तीन भाई हैं जो सूखे सावन भरे भादों कभी रंग नहीं बदलते अर्थात् आप चाहें उन्हें कितनी भी चाय पिलाएँ, नाश्ता कराएँ, पिक्चर दिखाएँ, वे कभी बहनों के मामले में किसी को शह नहीं देते। इस समय भी दो-चार दोस्त उन्हें घेर कर विराजमान हैं। पर ऐसे दोस्त कल भी थे और आने वाले कल भी रहेंगे।

उन्हीं के पास एक निम्न मध्यवर्गीय सुंदरी रहती है जो पावडर लगाने पर भी चेहरे की मुर्दनी नहीं छिपा पाती। उसके चेहरे पर परिस्थितियों की मार इतनी तेज पड़ी है कि मुझे अंतर्राष्ट्रीय महिला वर्ष की प्रशंसा में लिखे अपने एक लेख में संशोधन करने की आवश्यकता महसूस हो रही है।

एक मित्र ने अपनी पत्नी के अलावा एक और मित्र छोड़ रखी है। जो किसी प्रकार मित्र को जिला रही है। दो नन्हे मुन्ने और एक नन्ही मुन्नी भी उन्हीं मित्र की कृपा का फल है। पर अब वे काफी समय से निष्क्रिय हैं। कहीं भी उल्लास नहीं, उमंग नहीं है क्योंकि पत्नियों की दुनिया में हल्ला हो गया है कि अंतर्राष्ट्रीय महिला वर्ष आ गया है। सारा संसार महिला वर्ष मना रहा है। महिलाओं को शोषण से मुक्त करना है। उन्हें पुरुषों की सी बराबरी देनी हैं। महिलाओं की अपनी आपत्तियाँ हैं। उन्हें शी (SHE) में ही (HE) के शामिल होने पर आपत्ति है। हिस्ट्री (HISTORY) में हिज (HIS) के होने पर आपत्ति है। अपने नाम के आगे कुमारी अथवा श्रीमती लिखने पर आपत्ति है और तो और उन्हें पुरुषों से अलग महिला टायलेट होने पर भी आपत्ति है और फिर जाने क्या-क्या । खबरों के आस-पास रहता हूँ। नितांत बेखबर नहीं हूँ। मगर इन खबरों से मन में उत्साह न जगे तो कोई क्या करे।

हमारे कॉलेज में दो महिला प्राध्यापिकाएं हैं। एक हिन्दी विभाग में हैं दूसरी ठीक अंग्रेजी विभाग में। भाग्य की विडंबना देखिए कि दोनों ने एक श्रेणी में एक ही विश्वविद्यालय से एक ही दिन एम.ए. पास किया है और एक ही दिन नौकरी पाई है। पर मेरे विभाग की महिला ज्यादा लोकप्रिय है। विद्यार्थी उसकी बात ज्यादा आसानी से समझ पाते हैं और अंग्रेजी महिला की भाषा एवं उच्चारण दोनों से वे बिदकते हैं। परंतु मेरे विभाग की महिला को कोई अतिरिक्त बढ़ोतरी

नहीं मिल रही है और वह कमबख्त इंग्लिश में मुस्कुरा कर इंक्रीमेंट्स बटोर रही है।

पढ़ता-लिखता हूँ। दुर्भाग्य से यही पेशा भी है। सो महिलाओं के बारे में पोथियों के सहारे ही थोड़ा-बहुत जानता हूँ। पढ़ा है कि हिन्दुस्तान की स्त्रियों में कोई उमंग नहीं है, साक्षरता नहीं है। वे सिर्फ ताड़न की अधिकारी और योनिमात्र हैं इत्यादि इत्यादि। इधर देखता हूँ कि पुरुष तो और भी गये गुजरे हैं। सारी दुनिया में हल्ला हो गया है कि अंतर्राष्ट्रीय महिला वर्ष आ गया है मगर यहाँ स्त्री वर्ग के अनगिनत अत्याचारों के खिलाफ पुरुष वर्ग के आयोजन का कोई सिलसिला नहीं। कभी-कभी सोचता हूँ कि इनके पास तक संदेश पहुँचाने का क्या कोई साधन नहीं हो सकता। पढ़ा-लिखा पुरुष बदनाम है कि वह कायर होता है मगर अनपढ़ कहाँ सुनाम हैं वह तो और भी डरपोक हैं और सुधारकों का लाड़ला यह वर्ष तो जैसे मौज में चला आ रहा है। मुझे ऐसा लगता है कि अंतर्राष्ट्रीय महिला वर्ष धीरे-धीरे चलता है देश में नहीं काल में।

मैं सोचता हूँ कि उस टायपिस्ट लड़की तक यह खबर कैसे पहुँचेगी। पत्थर तोड़ने वाली इलाहाबाद की मजदूरन को यह कैसे पता लगेगा और वह कृषक वधू दाँतों में तृण दाब कर कैसे मुस्कुरा पाएगी। उन्हें कैसे पता चलेगा कि अंतर्राष्ट्रीय महिला वर्ष आ गया है। उन्हें कौन बतलाएगा कि इस वर्ष महिलाओं ने अपना प्रधानमंत्रित्व कायम रखा है। एवरेस्ट का शिखर सर किया है। महिला विश्व कप हॉकी का आयोजन किया है। कुश्तियों में उन्होंने अपने दांव दिखलाए हैं। महिला वर्ष के उपलक्ष्य में अखबारों में मेहतरानी से लेकर महारानी तक के फोटो छपे हैं। रेडियो से लगातार प्रचार किया जा रहा है। टेलीविजन से रूप और वाणी की खुशबू बिखेरी जा रही है। महिला पोस्ट आफिस खुले हैं जहाँ प्रेम पत्र हद से ज्यादा पोस्ट होते हैं। महिला बैंक खुले हैं जिनके कारण अनेक घरों की पोल खुली है। संपन्न महिलाएँ खुश हैं कि साल भर समाज सेवा करने के लिए उन्हें एक बैनर मिल गया है। घर में बैठे-बैठे बोर होने से समाज सेवा के नाम पर दूसरों को बोर करना कितना अच्छा है ! घर को नौकरानी और बच्चों को आया के भरोसे छोड़ चाबियों का एक बड़ा-सा गुच्छा लटकाए वे समाज

में नारी जागरण के लिए सन्नद्ध हो रही हैं। परेशान मध्यवर्गीय गृहिणियाँ प्रसन्न हैं कि शायद इस वर्ष उनका बजट ठीक हो जाए। शीला खुश है कि उसे अब जल्द अच्छी सम्मानजनक नौकरी मिल जाएगी। लीला खुश है कि टीम में उसका चुनाव हो जाएगा। मंजीत खुश है कि उसे बिना किसी दिक्कत के अंकों के आधार पर मेडिकल में एडमिशन मिल जाएगा। मीना खुश है कि उसे मनचाहा पति मिल जाएगा। मैं थोड़ा-थोड़ा समझ रहा हूँ कि महिला वर्ष आता नहीं ले आया जाता है। जो चाहे और जब चाहे उसे ले आ सकता है। लीला शीला ले आयी हैं। मीना लाने की तैयारी कर रही है और मैं......

मुझे बुखार आ रहा है। यह भी एक जनाना मजाक ही है। सारी दुनिया में हल्ला हो गया है कि अंतर्राष्ट्रीय महिला वर्ष आ गया है और मेरे पास आया है- गुड्डी को नहलाने-धुलाने से लेकर स्कूल पहुँचाने तक का जिम्मा। आटा पिसाने से लेकर राशन दूध लाने तक की मुसीबत और सभी कुछ। मैं कैलेंडर की ओर देखता हूँ और पल-पल छिन-छिन सोचता हूँ कि दिसम्बर अभी और कितनी दूर है।

अगर आप घर से निकलें और सामने ही किसी सुहागिन के दर्शन हो जायें तो इसे शुभ समझा जाता रहा है क्योंकि किसी जमाने में सुहागिन देह को साड़ी से बाँध कर, खुद को घर की चार दीवालों से ढँक कर रखती थी अतः सूर्य तक को उसका स्पर्श तो क्या दर्शन तक नहीं मिल पाता था। पर अब समय बदल गया है। दफ्तर के समय पर ढेर सारी सुहागिनें गले में मंगलसूत्र तथा कंधों पर रखे बैग को उछलते तेजी से डग भरती हुई दिख जाती हैं। इनके बजाय अगर आपको एक ईमानदार अच्छी नौकरानी मिल जाए तो इसे शुभ मानना चाहिए क्योंकि आज के जमाने में पत्नी का मिलना सरल है पर एक अच्छी नौकरानी का मिलना भाग्य की ही बात कही जाएगी।

पुरुष की दायीं आँख का फड़कना बुरा माना जाता है। वैसे तो आँख का इधर-उधर फड़कना ही अच्छा नहीं समझा जाता है और तिस पर वह दायीं हो तो और अधिक। पर जब से दायीं कमान सत्ता के साथ जुड़ गयी है और साहित्य में भी वामपंथियों का जोर घट गया है तब से दायीं आँख के फड़कने के संग जुड़ा अशुभत्व समाप्त हो गया है। अब तो किसी नौकरी के लिए सर्वथा योग्य होने पर भी आपके स्थान पर किसी अन्य सिफारिशी अयोग्य प्रार्थी का चुनाव होना, अशुभ माना जाना चाहिए। अपने यहाँ किसी अच्छे कार्य के लिए घर से निकलते ही अगर किसी मुर्दा के दर्शन हो जाएँ तो कार्य की सफलता सुनिश्चित मान ली जाती है पर अब इस मान्यता में परिवर्तन करना अपेक्षित है। कहाँ किसी के यहाँ मौत का गम और कहाँ हम शुभ शकुन समझ पुलकित हों और फिर आज के शहरी यांत्रिक जीवन में किसे फुर्सत है कि वह शुभ शकुन के लिए किसी मुर्दे को तलाशता फिरे और फिर यदि मृतक के घर वाले उसे शववाहिनी में ले गए तो दर्शन का कोई चांस ही नहीं रह पाएगा। अब तो अगर आपको रेलवे टिकट का आरक्षण कराना है। आप पूरी तैयारी यानी चाय-पानी का थर्मस, दरी तथा टिकट दलालों की दक्षिणा का इंतजाम कर घर से निकले हैं। घर वालों को आगाह कर दिया है कि एक-दो रात टिकट के लिए कतार में भी सोना पड़ सकता है। आरक्षण करना कराना सरल बात नहीं है यह तो महायुद्ध है। इसमें जेब कटना,

कमीज फटना, हाथ-पाँव टूट जाना सभी कुछ संभव है। युद्ध और प्रेम में ही नहीं आरक्षण कराने में भी अब सब कुछ जायज हो गया है। चिंता, परेशानी तथा घबराहट के साथ आप स्टेशन पर बुकिंग खिड़की के पास पहुँचते हैं और आश्चर्य के बीच आप देखते हैं कि खिड़की पर भीड़ नहीं है न लम्बी कतार ही है। आप घबड़ा जाते हैं कि कहीं आपसे कोई गलती तो नहीं हो रही है। आप कहीं गलत खिड़की पर तो नहीं आ गये हैं। पता लगाने की गरज से खिड़की पर बैठे क्लर्क से पूछते हैं। बुकिंग क्लर्क आपके भरे हुए आरक्षण फार्म के बारे में पूछता है और आपको जिस तारीख, जिस ट्रेन का रिजर्वेशन चाहिए, वह दे देता है। आप आरक्षित टिकट को देखकर उसके ठीक होने की जाँच करते हैं और उसे बिल्कुल ठीक पाते हैं। शुभ शकुन के लिए मुर्दा ढोने के बजाय इच्छित रिजर्वेशन बिना किसी कठिनाई के तुरंत मिल जाए इससे बढ़कर शुभ शकुन और क्या हो सकता है।

भरी गागर लिए पनिहारिन का दिख जाना, बड़ा शुभ माना जाता है पर आज के यंत्र युग में पनिहारिन का दिखना सरल नहीं रहा। अब न तो पहले जैसे घाट रहे और न घाट पर जुड़ने वाली शोख नवयुवतियाँ रहीं और न रहीं उनकी चुहलबाजियाँ। अब तो घर-घर नल हैं। अत: अब हमें कोई नया शुभ शकुन पनिहारिन दर्शन के स्थान पर गढ़ना चाहिए। मान लीजिए कि आप आर्थिक संकट में हैं– दो सौ रुपये की आपको सख्त ज़रूरत है कहीं से कुछ जुगाड़ नहीं हो पा रहा है। एक-दो दिन में यदि किराया नहीं दिया तो सामान सड़क पर आ जाएगा। बच्चे का नाम स्कूल से कट जाएगा और भी बहुत-सी छोटी-मोटी समस्याएँ हैं। आप बहुत चिंतित हैं पर इतने में एक पोस्टमेन दिखाई देता है वह आपका चार सौ रुपयों का मनीआर्डर लेकर आता है। आपकी सारी चिंताएं दूर हो जाती हैं। उस पोस्टमेन का दिखना-मिलना किस शुभ शकुन से कमतर है।

कुछ और नये शकुनों पर विचार करना अप्रासंगिक नहीं होगा। आप फिल्म का 'आखिरी शो' देख कर लौट रहे हों और इतने में गश्ती पुलिस का जवान आपको रोक कर खुफियाना अंदाज में पूछताछ करने लगे। बस, समझ लीजिए

कि कुछ अशुभ होने जा रहा है। पर अगर वह कुछ ले-देकर आपको परेशान नहीं करता है तो आप समझ लीजिए कि अशुभ शुभ में बदल गया है। इसी प्रकार जब आप दफ्तर पहुँचें और आपका बॉस आपके नमस्कार का उत्तर मुस्कुराते हुए दे तो आप मान लीजिए कि दिन के शुभ जाने की गारंटी है इसके विपरीत अगर वह आपके नमस्कार का उत्तर उखड़े-उखड़े स्वर में दे तो समझ लीजिए कि उस दिन वीराने में उल्लू बोलेंगे।

आज सारी दुनिया शुभाशुभ के बीच साँस ले रही है। नये युग, नयी जीवन-पद्धति, नये सोच के प्रकाश में हमें पुराने शुभाशुभ को छोड़ देना चाहिए और नये शुभाशुभ पर विचार क़रना चाहिए। मसलन यह व्यंग्य लेख बड़े मूड में लिखा गया है। अगर संपादक महोदय इसे स्वीकार कर लेंगे तो शुभ शकुन मानूँगा और अगर 'सखेद वापस' कर देंगे तो मेरे लिए वह घड़ी अशुभ और अशुभ होगी।